Une histoire celte : le héros

Nicole Dupré

Une histoire celte : le héros

Les Chartes Celtes

Mes chaleureux remerciements à Madame Françoise Leroux et Monsieur Guyonvarch. A Madame Fillipi, avec qui je travaille depuis si longtemps et qui m'a aidée à approfondir cette culture. A mes deux amies, qui avec une application rigoureuse, ont tapé, lu et relu mes textes. A tous mes parents et amis.

N.D.

1)
Les aventures de Cuchulain

Introduction ou Généalogie quant au livre de la Razzia et ses causes

Il me semble nécessaire de s'intéresser au celtisme, car à l'heure actuelle beaucoup de personnes, pensent que cette tradition, ne reflète que fantasmes, illusions. De plus, notre appréhension du monde est fort différente à l'heure actuelle, et pourtant !

Il y eut une longue nuit, quant à l'interprétation du sens que cette tradition véhiculait, car c'est seulement au 19ème siècle, que l'on se pencha à nouveau sur ces textes moyenâgeux, transposés par écrit au 10ème siècle et 12ème siècle de notre ère, par les moines.

Pour les Celtes, l'écriture était magique d'où les « Ogams ». La mémoire, l'intelligence, jouaient pour eux un rôle capital. Leur culture était purement orale. Nous n'avons donc, aucun écrit, c'est seulement au 19ème siècle que l'on tenta d'interpréter, les différents écrits moyenâgeux et qu'on les classa, en cycles : cycle mythologique, cycle de Finn ou cycle de Leinster et cycle d'Ulster.

Avant de parler de Cuchulain, précisément en tant que héros de l'épopée celtique d'Uster, il faut déjà savoir, que ce dernier représente, l'expression épique d'un mythe irlandais. J'ai rencontré Cuchulain, dans la « Razzia des Vaches de Cooley », qui fait partie justement du cycle d'Ulster. Une des versions des plus anciennes de cette épopée, est tirée du livre de la « Vache Brune ». Il faut savoir, qu'il y eut au 12ème siècle et 13ème siècle, des transcriptions, quant aux récits celtiques, qui eux étaient d'origine beaucoup plus ancienne. C'est à cette époque, que ces récits furent traduits et couchés par écrit par des moines. Monsieur Guyonvarch connaissant l'Irlandais moyen, à partir de ces textes, il a pu les traduire et il a pu voir ce qui était archaïque, et ce que le christianisme avait souvent rajouté ou interprété. Monsieur Guyonvarch parle aussi de la traduction française de cette épopée, faite par monsieur d'Arbois de Jubainville, qui lui-même la tenait du « livre de Leinster ». Livre fort important pour notre connaissance de certains mythes. Au début, nous avons la généalogie complexe du personnage de Cuchulain. Généalogie à la fois humaine et divine. Un chapitre est d'ailleurs consacré à cette conception. Il était le fils du grand Dieu Lug, Dieu tout puissant. En fait, pour bien saisir le sens de cette naissance, il est sage de la considérer sur le plan humain et divin. Il faut aussi savoir, que dans cette tradition celtique, les héros sont considérés, comme des sortes de Dieux, en ce sens qu'ils n'ont pas d'âge et que par ce fait, ils échappent au temps.

Nous pouvons même préciser les rapports des héros, avec l'autre monde. Ils se jouent dans les eaux nocturnes où les héros, viennent puiser là, toute leur force. Pourtant à un moment Cuchulain meurt, dans des circonstances dramatiques, mais Cuchulain, comme l'exprime déjà madame Françoise Leroux, n'est pas souverain. Puis, nous voyons Cuchulain dans son enfance, ses exploits, ses jeux. Quant au désir guerrier de Cuchulain, il est guidé par le Druide Cethbad, qui lui, a entendu la prophétie donnée par l'au-delà, à son sujet. Dans cette tradition, les Druides sont les représentants des Dieux sur la terre. Malheureusement, ce sont des moines, qui au moyen-âge, nous ont transmis ces récits, aussi un fait nous échappe. Le fait religieux, c'est ce que madame Françoise Leroux a fort bien compris. Le fait religieux est essentiel dans ces textes. Ce fait religieux à l'heure actuelle, est d'ailleurs repris par tous les savants. Avec la tradition celtique, il faut toujours se mettre en rapport avec le sacré. Des savants travaillant à l'heure actuelle sur ces textes, essayent d'en interpréter le véritable sens. C'est le fait religieux qui tisse la toile de la vie de ces hommes. Maintenant par le moyen du comparatisme, on essaie même de retrouver les rituels. Il est à noter aussi, que le récit celtique, touche au plus haut point l'émotivité. Quant au sacré, il est partout. C'est d'ailleurs ce qu'a senti madame Françoise Leroux, d'où sa recherche.

Le vocabulaire de ces textes mythiques est simple. Par contre, le sens réel du texte, est la plupart du temps d'une extrême complexité. Le héros Cuchulain, nous guide, au travers d'une initiation guerrière, qui correspond à la deuxième fonction guerrière, tirée du ciel rouge indo-européen. Au travers cette « Razzia », nous étudierons le héros celtique qui a une absence totale de traitrise dans le combat, et surtout un mépris de la mort. Il faut aussi savoir que Cuchulain a eu, une initiation guerrière en Ecosse, faîte par deux reines qui lui enseigneront, le maniement du javelot foudre, instrument magique. Mais il faut aussi savoir, que dans les combats, nous rencontrerons beaucoup de magie. Cuchulain à aussi deux grandes qualités, qu'on demande à un héros : la force et la fureur. Il connait tout le répertoire d'un guerrier aguerri. Mais il sait aussi, lire et tracer les « Ogams » qui sont des lettres magiques. C'est même grâce au « Ogams », qu'il arrête les armées d'Irlande qui sont son ennemi, qui se trouvent à la frontière de l'Ulster. Mais, ces faits, nous les verrons un peu plus tard. L'Irlande a concentré en Cuchulain la démesure. Lorsqu'il doit combattre, ce dernier, a souvent un comportement qui relève de la magie. Mais, il ne faut pas oublier que pour les Celtes, la magie à une signification différente, de celle que nous lui donnons aujourd'hui. La magie est une technique de la religion. Au début d'un combat, Cuchulain pratique une sorte de rituel, qui le met en rapport avec les forces supérieures. Maintenant, je cite l'exemple d'un de ces rituels : « Il fait d'abord, un cercle autour d'un pilier, après avoir pris une branche de chêne. Il exécute tous ces faits, sur une seule jambe, avec une seule main et un seul œil.» Cela doit représenter sans doute, un certain équilibre par rapport au cosmos. En fait, tous ces faits, ont souvent une signification beaucoup plus profonde, que ce que nous pouvons l'imaginer. C'est seulement par un rapprochement avec le monde indo-européen, sur lequel s'est tant penché monsieur Dumezil, que nous comprenons certaines notions du monde Celte. Justement dans cet univers, le héros agit dans la période sombre, c'est-à-dire de Samain - période autour du 1er novembre – et, dont le point culminant correspond au Solstice d'hiver, jusqu'à Beltaine - le 1 mai. C'est au solstice d'hiver, que le héros va chercher à l'extrême ouest dans l'océan, la Déesse aurorale et la ramène, sur l'autre rive de l'année dans la Lumière, car l'aurore apporte le Soleil. Le héros est là, pour permettre au royaume d'être dans la lumière. Voila un de ses actes essentiels, sans cela, le royaume n'existe pas. Se souvenir que le royaume n'existe, que quand la lumière l'illumine. Mais, dans le cas de Cuchulain, héros archaïque, surtout guerrier, il faut avant tout comprendre, qu'elles sont les causes de cette « razzia » où Cuchulain tient un rôle essentiel et reprendre la « Razzia » telle que monsieur Guyonvarch, l'a traduite du moyen Irlandais, car avec la « Razzia », nous sommes dans un récit vraiment insulaire. De plus, en étudiant ce récit, nous comprendrons mieux les ressors de ce monde héroïque.

Les causes de la « Razzia » :

C'est donc, en se penchant sur les causes de la « Razzia », que nous comprendrons le rôle follement héroïque de Cuchulain. Pour cela, il faut se reporter dans la forteresse de la reine Mebd, reine du Connaugt province irlandaise, qui discute dans leur chambre avec son mari, le roi Aillil. Ce dernier, avec une certaine forfanterie, lui explique qu'il a plus de bien qu'elle. Ce qui est absolument faux, car c'est-elle la souveraine et en tant que souveraine, elle l'a choisi pour ses qualités, telle que la bravoure, la non avarice et la non jalousie. Qualités correspondants aux trois fonctions celtiques, qui évoquent les trois cieux indo-européens qui tournent autour de la Terre. Le Ciel blanc représente le sacré, le Ciel rouge le monde guerrier, auquel le héros appartient et le Ciel sombre représente la production et la reproduction. Quant à l'association de la première et de la deuxième fonction, elle représente la souveraineté, fonction capitale dans cet univers. Mais revenons à Mebd et à Aillil, Aillil ne veut pas avouer, qu'il est en fait, sur bien de femme et pour clore la discussion, ils se mettent à énumérer leurs biens et là, Mebd s'aperçoit qu'un de ses biens a disparu.

C'est le « Brun de Cuanlge » et c'est justement celui, qui représente sa souveraineté guerrière. Elle n'est donc plus souveraine, voilà son drame ! Il faut donc, qu'elle reparte à la reconquête de sa souveraineté, car la souveraineté se conquière. Dans un premier temps, elle pense que les choses pourraient s'arranger. Elle envoie en Ulster ses Hérauts pour qu'ils récupèrent le « Brun de Cuanlge ». Un roi de canton est contacté à ce sujet et il est, tout a fait d'accord pour lui rendre son fameux « Taureau ». Les ambassadeurs sont tellement bien reçus, qu'après une beuverie, ils arrivent à dire du mal de ce roi, qui les recevait si bien. Cela, lui fut répété et naturellement, il ne redonnera pas le « Brun de Cuanlge ».

Mebd est dans une intense furie car, elle en a absolument besoin pour reconquérir sa souveraineté guerrière perdue. Aussi, n'hésite t'elle pas à réunir tous les hommes d'Irlande - c'est-à-dire ceux des quatre autres provinces - pour déclarer la guerre à l'Ulster, où se trouve le fameux « Brun de Cuanlge » et toutes les troupes partent en guerre. C'est elle qui lèvera les armées. C'est à ce moment là, que notre héros Cuchulain, dans ce cycle d'Ulster, aura tant d'importance et peu à peu nous comprendrons pourquoi.

Maintenant, il faut nous insérer dans un épisode de la vie de l'Ulster. Les hommes de cette contrée, lors d'une sorte de course de chevaux, ont abusés de la force d'une Déesse aurorale : Macha, qui était enceinte, en la faisant courir. Celle-ci, après la course accoucha. En punition, elle mit les hommes dans une certaine faiblesse. Il n'y avait donc plus personne pour défendre l'Ulster, sauf le héros Cuchulain épargné. Il est donc absolument seul pour se défendre contre tous les hommes d'Irlande et là, il doit se battre seul comme un Diable. C'est à coup de contrats avec la reine Mebd, que les différents combats sont organisés. Nous remarquons que ceux-ci seront singuliers au début, avant la grande bataille de Cuchulain contre les quatre grandes provinces d'Irlande. Au passage, nous constatons que Mebd, ne respecte pas toujours les contrats, mais Cuchulain s'emploie à les faire respecter. Cette épopée permettra, au travers des différents combats de notre Héros, de montrer sa force et sa fureur. Nous verrons aussi, l'aide que lui apporte l'autre monde car, il ne faut pas oublier, qu'il est le fils du Dieu Lug. Nous constaterons tout le temps, sa supériorité au cours de ces combats singuliers.

Présentation du Héros

Je pense, qu'il est bon de savoir que la notion de « Héros » a beaucoup évolué avec le temps. Pour bien comprendre ce que représente le héros, il faut remonter à la conception indo-européenne de celui-ci, comme l'exprime monsieur Jouët dans son livre « L'aurore Indo-Européenne ». Cette notion, la plus ancienne du héros, se trouve dans les textes insulaires. En fait, le héros dans ces temps anciens, accomplit une sorte de conquête du soleil. Cette conception du héros, est donc déterminée par la religion cosmique indo-européenne qui nous apporta aussi, la notion de l'autre monde. Cette religion cosmique, nous montre que certains Dieux, entretiennent avec l'année, des rapports particuliers, comme l'explique le professeur Haudry, le héros est avant tout le héros de l'année. Quand le héros, disons de la première période, est dans son rôle cosmique, il va à la recherche de l'aurore qui dés la mauvaise saison, part au loin à l'ouest, se perdre dans l'océan. C'est le héros, qui enlève l'aurore emprisonnée dans les eaux. Ils traversent tous deux l'eau de la ténèbre sombre et hivernale, qui est un concept indo-européen, pour arriver à l'autre rive où, ils trouvent, où plutôt apportent, grâce à l'aurore, la belle saison de l'année, la lumière et la vie, qui est la partie diurne du cycle annuel. C'est cette partie diurne, qui fait exister le royaume. Sans le soleil, le royaume n'existe pas. Nous sommes dans une tradition où les fruits de la terre, muris par le soleil, sont le trésor indispensable du royaume. Le roi doit d'ailleurs redonner à ses sujets, une partie de ces fruits de la terre à Lugnasad. C'est cela un bon roi et s'il ne le fait pas, on l'élimine. Dans un deuxième temps, la notion première du héros, évolua avec la société lignagère, nous sommes maintenant dans une société héroïque. Le guerrier retrouve la conception que nous percevons, surtout dans les épopées, voir « la razzia des vaches de Cooley », le héros est lié à des combats extraordinaires, souvent aidé par l'autre monde. Cuchulain héros mythique, représente l'image de ce monde héroïque, dans ses innombrables combats effrayants contre les hommes d'Irlande et contre lesquels il se bat seul. La conception du héros dans cette tradition est surnaturelle. Il peut-être le fils d'un Dieu. Dans la conception de Cuchulain, nous trouvons le Dieu Lug, comme père de ce dernier. Le héros est solitaire, il meurt jeune, sa vie malgré le coté extraordinaire donné par sa force, peut par certains cotés, sembler normale. Il a aussi des amours. Il pratique la chasse. Même si la gloire lui est prédite, il a aussi une fin. Puisque le héros, est aussi le héros de l'année - lors des fêtes de fin d'année - sa fonction verbale est là, fort importante parce que nous avons la magie du verbe.

Le rôle véritable du Héros

Dans cette première partie, je vais évoquer les aventures du héros Cuchulain, héros guerrier mais non souverain, comme nous l'explique madame Françoise Leroux, même si sa naissance comme je l'ai déjà exprimée est en partie divine, car la pierre de Fal n'a pas criée quand il marcha sur celle-ci. Pour Cuchulain, il y a une naissance Humaine et une naissance Divine. Il s'agit même du Dieu Lug qui le conçut une nuit de Samain - vers le 1er novembre. C'est la « Razzia des vaches de Cooley », qui va nous révéler les différents épisodes de l'existence brève de Cuchulain. Dès son plus jeune âge, Cuchulain se montre comme un héros, mais il faut aussi savoir qu'il est aidé par l'autre monde. Nous verrons ce fait, dans différents épisodes - dans des combats et au moment de sa mort – car, c'est en mourant, qu'il devient immortel. Cuchulain blessé, est soigné par son père le Dieu Lug pendant trois jours, lors de la grande bataille contre les hommes d'Irlande. Nous nous appesantirons surtout lors de son existence, sur son initiation, sur ses tours, ses signes et ses combats. C'est le roi des « Héros d'Irlande ». Mais, il faut bien comprendre le rôle du héros. Il faut pour trouver son origine, se pencher sur la cosmogonie, et surtout sur les trois traditions, d'où sont issus les mythes celtes. En fait, dans un premier temps, c'est la géographie qui nous donnera des renseignements à ce sujet. D'après les derniers travaux du comparatisme, nous étions en Perse, il y a très longtemps déjà. Les Indiens étaient très proches de nous, les Grecs un peu plus loin. Ensuite une de ces branches partit vers l'est, cela donnera les Indiens du Nord et l'autre branche, partit vers l'ouest, cela donnera les Celtes. Il est donc nécessaire pour comprendre, comment surgit le héros dans ces traditions, de comparer les héros Celtes, Grecs et Indiens. Ce que fit d'ailleurs monsieur Bernard Sergent, dans son livre sur les héros, et nous saisirons mieux, comme le héros est investi, d'une responsabilité cosmique. Nous trouvons d'ailleurs la même figure dans le héros celte Celtchar, le héros grec Képhalos et Savitar héros indien, Dieu héroïsé qui manipule le Soleil. Il faut aussi savoir, que 3000 ans avant Jésus-Christ, des tributs protoceltiques et protogrecques, se sont rencontrées dans la région du Bas Danube et sans doute parlaient-elles la même langue car, à ce moment là, leurs mythes devinrent communs. Ces mythes, nous les retrouvons aux 7ème et 8ème siècles après Jésus-Christ. Les moines à ce moment là, les couchèrent par écrit. On parle d'ailleurs au sujet de ces tributs, de leur époque Danubienne. C'est ainsi, en ces lieux, qu'ils développèrent le personnage riche et complexe du héros, qui peuplera nos fameuses épopées celtiques. Nous trouverons Cuchulain dans la « razzia des vaches de Cooley », ou Art, dans un récit célèbre contenu dans le livre de Fernoy. En Grèce, ces épopée, formeront une préachilleide, qui confluera avec d'autres récits du deuxième millénaire avant Jésus-Christ et cela formera plus tard « l'Iliade » qui est parait-il, la synthèse de plusieurs mythes antérieurs. En fait, ces héros Celtes ou Grecs, sont les lointains rejetons, des héros que nous trouvons dans le Maharabata, et que monsieur Dumezil, après les avoir découverts, commenta tant dans : "mythe et épopée". Les conséquences de ces mythes, débouchent le plus souvent, sur une histoire astronomique. Notre héros Celte est dans ce cas. C'est lui, qui va chercher lors de la saison sombre, c'est-à-dire l'hiver - de Samain à Beltaine - la Déesse aurorale qui est enfouie bien loin à l'ouest, où elle s'est cachée, et d'où il l'extirpe, en traversant l'eau noire et froide, correspondant à la période sombre, pour atteindre l'autre rive ensoleillée et où là, le royaume grâce au soleil existera enfin. Car, le royaume existe, que lors de la période ensoleillé. Quant aux héros, en dehors de leur rôle cosmique, ils abattent une foule d'adversaires, souvent même par l'intermédiaire, d'armes magiques. Dans la « Razzia », nous trouvons le fameux « javelot foudre » de Cuchulain. En Grèce par contre, la magie n'est pas très importante. En Inde Arjuna, a une lance céleste d'origine Divine. Il est aussi à noter, que ces héros, sont souvent face à des adversaires extraordinaires, qui eux aussi sont parfois d'origines Divine. Mais c'est vers l'Inde, qu'il faut se tourner pour bien comprendre les faits. En réalité, nos mythes, ne sont que des variantes d'un ancien mythe Indiens. Monsieur Bernard Sergent, en évoquant Celtchar le celte ou Képhalos le grec, nous confirme que ces mythes, ne sont que des variantes, d'un ancien mythe Indien, dans lequel est mis en scène un compulseur du Soleil : Savitar l'indien, une sorte de magicien, qui propulsait le Soleil et aussi, le faisait disparaître du ciel. Celtchar le héros celte, est celui qui manipule des objets chargés du symbolisme auroral, c'est-à-dire le chien, la lance, objets que nous retrouvons dans le mythe Grec. En fait, le Soleil au travers de ces textes, apparait comme une sorte d'objet. Par contre, l'agent qui le manipule, tant dans le mythe grec que celte le poursuit, l'arrache à la nuit, c'est lui qui est le véritable « Héros ». D'ailleurs, en Grèce Hélios, est un Dieu secondaire, en Inde Suruya est un Dieu, tout au tant secondaire. En fait, les théologiens avaient compris, que tout cela, se jouait au-delà du Soleil, dans un champ métaphysique. Les astres pour eux, devenaient des signes et à ce moment là, nous entrons dans un panthéon abstrait. Si maintenant, nous passons à un héros un peu différent « Art », fils du roi Conn aux cent batailles. Nous rencontrons des schèmes assez semblables. Dans les aventures d'Art, autre héros, nous trouverons plusieurs schèmes indo-européens. Il faut remonter à « l'aurore Védique », qui est conservée grâce aux hymnes, pour comprendre par l'intermédiaire de la théologie de l'aurore, le rôle du héros. La théologie de l'aurore que nous trouvons dans de nombreux mythes et rituels saisonniers, s'explique par la cosmologie car, avec Art, le héros est aussi le héros de l'année. C'est lui, qui traverse l'eau dans la ténèbre hivernale avec la Déesse aurorale qui apporte le « Soleil », la belle saison, pour donner vie au royaume, avec l'aide de l'Aurore, divinité de l'espace rouge. En fait avec les aventures de Conn et Art, j'aborde un sujet qui se rapproche plus, par son coté métaphysique de la vérité du héros. Voir les aventures maritimes de nos deux héros, qui les mènent à l'autre monde, le Sid et surtout, il y a la quête du héros Art et toutes les épreuves qu'il traverse, pour trouver la vraie Déesse aurorale, Delbchaem et la conduire à Tara.

La conception de Cuchulain

Cette conception est assez complexe. Il est vrai, que nous sommes dans le mythe. Déjà la version n° I de monsieur Egerton, diffère de la version n° II. A l'heure actuelle, madame Françoise Leroux, pense qu'étant donné le manque de documents concernant la version primitive, il est très difficile de donner une version qui corresponde à la réalité. Je vais prendre la version n° I, pour essayer d'expliquer clairement cette conception. Le récit commence par une assemblée du roi Conchobar, roi d'Ulster. Subitement, une troupe d'oiseaux descendit dans la plaine d'Emain en Ulster et les oiseaux mirent à sac cette dernière. Dans cette tradition, les oiseaux correspondent souvent à une prédiction. Naturellement, les Ulates contrariés par ces excès, décidèrent de chasser les oiseaux. Pour la chasse, ils attelèrent neuf chars. Le roi Conchobar était dans un de ceux-ci, accompagné par sa sœur qui était encore jeune fille. Elle se prénommait Dechtire. Quant aux oiseaux, ils étaient au nombre de cent-quatre-vingt, attachés deux par deux, par des chaines d'or rappelant, la légende des Dioscures Indiens. J'insiste beaucoup sur les oiseaux, car ils font partie du légendaire Irlandais et souvent, ils annoncent que l'autre monde est présent, car ils sont liés aux Divinités. Puis, la nuit tomba sur les hommes d'Ulster et la neige recouvrit subitement le sol. Ce qui prouve bien, que nous sommes à Samain – c'est-à-dire aux environs du 1er novembre. Le roi Conchobar lors de cette nuit de Samain, demanda devant ce temps épouvantable qu'on cherche une maison, où ils pourraient se refugier. Deux des hommes du roi, trouvèrent une maison qui paraissait neuve et là, dans cette maison mystérieuse, ils rencontrèrent un couple. Il y avait une femme, qui était entrain d'accoucher. Dechtire, malgré son jeune âge, alla vers la parturiente, et mystérieusement se dédoubla et remplit l'office de sage-femme et la délivra. N'oublions pas que nous sommes dans le Sid, où tout peut arriver. La femme donna naissance à un fils. Les Ulates prirent l'enfant et c'est Dechtire qui prit en charge l'enfant. Mais, revenons à la maison où le roi et ses compagnons s'étaient réfugiés, subitement, le matin celle-ci disparut, nous continuons donc à errer dans l'autre monde. Comme je l'ai déjà évoqué, l'enfant fut élevé par les Ulates. A un moment, il tomba malade, puis il mourut. Dechtire eut naturellement un grand chagrin. En revenant de la lamentation, Dechtire demanda à boire, mais, elle spécifia qu'elle voulait boire dans un vase d'airain. Quand elle porta le vase à sa bouche, un petit animal sauta vers sa bouche. Cela est assez fréquent dans le monde celte. Par contre la nuit, comme elle dormait, elle vit un homme s'approcher d'elle et s'adressant à Dechtire il lui dit : « qu'elle était enceinte de lui et que c'était lui, qui l'avait emmené vers la maison.» Cet homme ne pouvait être qu'un Dieu et c'était Lug. C'est là, la naissance Divine de Cuchulain. On imagina que Conchobar pouvait être aussi le père ? Toute la question est là ! Conchobar se hâta de marier sa sœur à Sualtam, mais elle rejeta ce qui était dans son sein. Elle fut à nouveau vierge et enceinte, elle donna naissance à Sedanta, futur Cuchulain. Là est la naissance terrestre de Cuchulain. Donc, Cuchulain eut bien deux naissances, une Divine et une terrestre. D'ailleurs, son père Divin Lug se manifesta à son fils et le soigna pendant trois jours dans la plaine de Murthemme, lieu où mourut Cuchulain.

Les exploits d'enfance de Cuchulain

Il est important de noter ceux-ci, car il est juste de constater, que c'est à ce moment là, que le sort de Cuchulain se joua. Je dirai même tout l'avenir de Cuchulain. Dès sa prime enfance, il passa celle-ci dans la fameuse plaine de Murthemme où plus tard, il trouvera la mort. Quant au roi Conchobar, roi de cette contrée, c'est-à-dire Ulster, il jouissait de la royauté après avoir pris le pouvoir à son frère. En plus il était renommé, pour être un guerrier redoutable. On raconta à l'enfant Sedenta, les jeux qui dans cette tradition sont très importants pour les enfants d'Emain-Macha. Naturellement, le jeune garçon eut envie de rencontrer ces enfants, et malgré l'interdiction de sa mère, il parti seul avec ses jouets, son bâton de lancer en bronze et ses petites javelures. Puis il arriva à Emain-Macha, où il rencontra les trois cinquantaines de jeunes garçons qui étaient autour du fils de Conchobar. Ceux-ci, étaient occupés dans la prairie. Sedenta commença devant eux, à envoyer une balle très loin, ce qui suscita leur admiration. Mais le fils de Conchobar, sans doute jaloux de cet exploit, proposa à ses compagnons de tuer ce dernier. Aussitôt, les jeunes garçons se précipitèrent sur lui et lui lancèrent tous, leurs bâtons sur la tête, ainsi que des balles que Sedenta écarta avec son unique bâton de jeu. Il fit de même pour les épieux que ceux-ci lui lancèrent. A la fin, Sedenta se jeta sur eux et les mit tous à terre. Cinq des jeunes garçons qui avaient échappé à ce massacre, allèrent se plaindre à Conchobar qui jouait aux échecs avec Fergus, ancien roi d'Ulster. Alors, Conchobar appela Sedenta et dans un premier temps, il lui reprocha sa brutalité face aux jeunes garçons d'Emain-Macha. Puis le roi lui demanda qui était-il ? : « Je suis Sedenta, fils de Sualtam et de Dechtire ta propre sœur. » Conchobar lui expliqua alors, certains choses : « Les jeunes garçons t'ont repoussé parce qu'il y a un interdit "une geis" et que tu n'es pas sous leur protection, donc tu ne peux pas rentrer ainsi dans ce cercle. » Alors Conchobar demanda que les jeunes garçons prennent Sedenta sous leur protection. Mais une fois entré dans cette troupe, il se jeta sur eux et tua cinquante fils de roi. Conchobar demanda alors à Sedenta ce qu'il voulait d'eux ? Sedenta répondit au roi, que c'est à lui de les protéger. Déjà dans ses luttes avec les enfants, nous percevons qu'il y a de la magie dans les exploits de Sedenta. Fergus tomba d'admiration devant tous ces faits, car Sedenta n'a que cinq ans et il a déjà vaincu les fils des héros et des guerriers. Maintenant, passons dans un autre aspect de sa personnalité. Nous sommes dans la forteresse de d'Aillil et Meb en Connaugt. Cormac fils de Conchobar en parlant à Aillil, cite un nouvel exploit de Sedenta, fait lors de sa 6ème année. Voila comment les faits se passèrent : Culan le forgeron, était en Ulster et il invita un jour le roi Conchobar à un festin. Vers le soir, Conchobar se prépara pour se rendre à cette invitation et passant dans une prairie, il vit le petit garçon qui, seul remportait la victoire « du But et du Lancer », sûr trois cent cinquantaines jeunes garçons. Conchobar en voyant le jeune garçon, s'exclama : « Heureux est le pays d'où vient ce jeune garçon. » Conchobar décida avec Fergus, de le prendre parmi les invités qui allaient au festin de Culan. Ils l'invitèrent donc, mais le petit garçon répondit au roi, que tant que le jeu qu'il menait ne serait pas terminé, il ne pourrait pas partir, mais qu'il les rejoindrait un peu plus tard à ce festin. Je cite ce fait car, pour la suite de l'histoire il est fort important. Conchobar arriva chez Culan, il fut naturellement accueilli en hôte royal et chacune des personnes, selon leur degré de préséance. Il en était ainsi dans la tradition celte. Puis le festin de Culan commença plein de gaité. Soudainement Culan, demanda à Conchobar si, quelqu'un de sa suite devait cette nuit, les rejoindre. Conchobar répondit à cette question négativement car il ne se souvenait plus qu'il avait invité le petit garçon prés d'eux. Conchobar est même étonné par cette question, qui lui semble insolite. Culan lui répond, que c'est à cause de son chien de combat, qu'il a posé cette question car celui-ci va être détaché de sa chaine. Quant à Sedenta, grâce à la trace de la troupe de Conchobar, il trouva facilement la maison de Culan. Dès que le chien de combat le vit, il aboya après lui, mais Sedenta lança la seule chose qu'il possédait, c'est-à-dire une balle, qu'il projeta devant lui en un jet. Il atteignit le gosier du chien et la balle emporta toutes les entrailles de l'animal, puis il jeta le chien qui tomba en morceaux contre un pilier.

Conchobar entendit l'aboiement du chien. Il fut subitement effrayé car il se rappela à ce moment là, qu'il avait invité au festin, le petit Sedenta le fils de sa sœur. Tout le monde sortit pour voir ce qui c'était passé. Le forgeron Culan était furieux contre Sedenta de voir son chien de combat en morceaux et il reprocha au jeune garçon la perte de ce chien, qui gardait ses troupeaux et ses biens. Le petit garçon déclara alors : « qu'il allait porter un jugement juste sur tout cela et que c'est lui, qui serait le chien de Culan et qu'il protègerait ses biens, ses troupeaux et sa terre. » Quant au Druide Cathbad, il pense que cette réflexion de Sedenta est la meilleure qu'il ait pu exprimer et c'est donc lui, qui proposa à Sedenta, de s'appeler désormais : « Cuchulain », c'est-à-dire le chien de Culan le forgeron. Lors de cet épisode Cuchulain a six ans. Quant au troisième exploit de Cuchulain, il mérite que l'on s'arrête à ce dernier. Là, Cuchulain assiste à un cours de druidisme quand le Druide Cathbad, après qu'un de ses élèves lui ait demandé quel était le signe et le présage ce jour. Le Druide en désignant Cuchulain dit : « que celui-ci prendrait les armes ce jour-là, qu'il deviendrait célèbre et brillant, mais que sa vie serait courte. » Immédiatement Cuchulain alla trouver Conchobar en son palais, et lui demanda de prendre les armes. Conchobar étonné lui demanda qui lui a conseillé ce projet ? Cuchulain lui répondit : « que c'est le Druide ». Alors le roi s'exécuta et lui donna des armes, mais celles-ci ne le satisfirent pas. Il en fit des morceaux et les brisa. Conchobar fut obligé de donner ses propres lances et là, il ne les brisa pas. Puis le roi, lui proposa un char - car le faite d'avoir un char va dans le sens du signe et du présage - qui le mécontenta aussi, alors le roi lui en présenta d'autres et nous assistons là, à la mise en morceaux de chars successifs, car ceux-ci ne lui convenaient pas. Alors, Conchobar en arriva à lui donner son propre char et son cocher. Avec le cocher il retourna à Emain, pour que la troupe des petits garçons le bénisse [ceci est sans doute un rajout chrétien]. Cuchulain dit : « c'est aujourd'hui le premier jour où j'ai pris les armes » et il déclare à ses compagnons de jeux : « c'est à cause d'un Signe que j'ai pris les armes aujourd'hui ». Puis le petit garçon, accompagné d'Ibar le coché de Conchobar veut connaitre l'Ulster. Là, dans la prairie de la forteresse des Mac-Nechta, après avoir jeté dans l'eau : « l'anneau magique » qui entourait un pilier et qui était aussi « un anneau de vaillance » car, celui-ci disait au travers des Ogams que : « nul ne pouvait quitter la prairie sans provoquer un combat singulier. » Nous voyons que les guerriers de marque, comme l'évoque monsieur Guyonvarch, ont la capacité de rédiger des Ogams et de les lire.

Dans la prairie, vint les fils de Nechta et alors Cuchulain commença son rituel qu'il exécutait avant le combat, il se mit la main sur le visage et se transforma en une balle ronde et pourpre des pieds jusqu'à la tête. N'oublions pas que Cuchulain a des rapports avec le Soleil et que nous sommes là dans le mythe. Le combat commença, il enleva la tête du cou du 1er fils de Nechta. Il arriva la même chose au deuxième fils et Il en fut de même pour le troisième fils puis, sur le char ils emportèrent les trois têtes des Mac Nechta. Enfin, Cuchulain et le cocher Ibar continuèrent leur promenade jusqu'à la plaine d'Emain et là, ils virent un troupeau de cygnes blancs devant eux. Il en tua certains et les attacha aux montants de leur char. Le détail est fort important, car dans le bestiaire celtique, les oiseaux annoncent un destin malheureux. Ils arrivèrent ainsi à Emain et là, Cuchulain a quelque chose d'effrayant dans son allure, il horrifie le monde, par les têtes de ses ennemis qui sont à coté de lui dans le char, ainsi que par les oiseaux morts et les cerfs retenus prisonniers par des chaines. Aussi les gens d'Emain prirent une décision, les femmes se dénudèrent devant lui - ce qui est un acte religieux selon madame Françoise Leroux - et devant cette nudité, Cuchulain cacha sa figure devant elles. On sortit alors, le jeune enfant du char. Mais ce dernier, était dans une telle fureur, qu'on fut obligé de le porter dans trois cuves d'eau froide pour noyer sa fureur. Il émanait de lui, une telle chaleur qu'il fit sauter les planches et les cercles de la première cuve, dans la deuxième cuve, l'eau se mit seulement à bouillir, quant à la troisième cuve, l'eau était déjà moins chaude. La fureur du petit garçon étant diminué, on pu lui passer ses vêtements mais, subitement à nouveau, il se transforma en une « roue pourpre », avec sept doigts à chacun de ses pieds et sept doigts à chacune de ses mains. Il est à noter que ce petit garçon a accompli ses exploits à l'âge de 7 ans et qu'il a abattu des héros et des guerriers. Voilà les récits d'enfance de Cuchulain.

Le combat contre Ferdiad

La reine Mebd, comme à son habitude, par des paroles fausses émises contre Cuchulain, a convaincu Ferdiad qui est maintenant un homme d'Irlande, de s'opposer à Cuchulain mais, au paravent elle lui avait proposé sa fille Finabair en mariage. Maintenant, on peut dire qu'elle lui ordonne en tant qu'homme d'Irlande, d'aller combattre contre Cuchulain. Avant le départ de Ferdiad, nous avons un chant mythique où l'on voit la Déesse aurorale et guerrière, la Bobd, qui surplombe le gué où les guerriers vont se battre, c'est un fort mauvais présage. Quant à Ferdiad, il a été tellement remonté par la perfidie de Mebd, qu'il s'engage à tuer Cuchulain. Puis on les voit, l'un et l'autre monter dans leurs chars, leurs attitudes sont fort différentes. Cuchulain se manifeste dans le char, par des tours victorieux et des coups, si bien qu'il fait un tel tapage, que les esprits de la vallée se réveillent et se mettent à crier. Ensuite, on voit Cuchulain arriver au gué, où le combat va se dérouler. Avant le combat, une longue discussion à lieu entre eux, car Cuchulain est un peu étonné que ce combat puisse avoir lieu étant donné leurs liens précédents. Cuchulain lui rappelle même, qu'ils étaient des amis de cœur et qu'ils ont été enseignés par les mêmes Druides. Ce qui est fort important.

Ensuite, nous voyons que les préparatifs du combat, durent plusieurs jours et le combat commença par une sorte de manifestation de l'amitié, après avoir pris leurs armes, chacun d'eux donna à l'autre trois baisers. Ce manège, fut répété plusieurs jours. Puis on vit arriver les guérisseurs et les médecins, pour s'occuper d'eux, par des potions magiques et des incantations. Quant à Cuchulain, pour ses combats avec Ferdiad, il laisse toujours à Fediad le choix des armes, car il a une certaine noblesse de caractère, nous le verrons d'ailleurs tout à l'heure. Puis nous arrivons à l'ultime bataille, entre Cuchulain et Ferdiad, qui dès le début fut tellement terrible, que nous ne quittons pas le mythe. C'est encore une bataille magique. Même, leurs armes se tordirent et même, la rivière où était le gué, se déplaça. Il n'y avait plus une goutte d'eau dans le gué. Les chevaux des Gaels prirent peur et se sauvèrent après avoir brisé leurs chaines. C'est à ce moment là, que Cuchulain pensa à ses amis du Sid, pour qu'ils viennent le défendre. Mais dès le début de ce lourd combat, Ferdiad remarqua par la force des coups qui étaient déployée contre son bouclier, qu'il y avait maintenant trois personnes qui s'attaquaient à lui. Cuchulain avait appelé à l'aide Dolh et Indolb qui avait le don d'invisibilité, car venant de l'autre monde. Alors Ferdiad réfléchit et se rappela, que lorsque leurs Druides les instruisaient, des gens de l'autre monde venaient toujours pour tirer Cuchulain d'embarras. Subitement Ferdiad émit une phrase en disant : « que leur fraternité n'était pas équilibrée », ce qui étonna Cuchulain et celui-ci lui répondit : « que s'il n'y avait pas d'être invisibles, il n'y aurait plus de Druidisme ». Même si nos deux guerriers, n'avaient pas de secret l'un pour l'autre, Ferdiad, lui, ne connaissait pas, l'existence du Javelot Foudre instrument magique. Il est un fait, qu'il faut aussi souligner, Ferdiad quel que soit sa valeur guerrière, était un champion célèbre, mais ne possédait pas la Divinité en lui. Après ce combat singulier, les gens du Sid vinrent pour aider Cuchulain blessé et firent même trois grandes blessures à Ferdiad. Malgré ses blessures, celui-ci tua dans un grand effort, les deux envoyés du Sid : Dolh et Indolb. Un chant fut fait à ce sujet. Encore une fois, le don d'invincibilité de ces deux envoyés du Sid, prouve que Cuchulain dans une certaine mesure, appartient à l'autre Monde. On donna alors au gué, le nom de ces deux êtres de l'autre Monde « Dolh et Indolb ». Après la perte de ces deux personnages du Sid, Ferdiad se sentit réconforté et surtout plein de courage, face à Cuchulain. Aussi il redoubla ses coups. Mais Laeg, le cocher de Cuchulain, qui était comme un père pour lui, vit à ce moment-là l'accablement de son maître à cause des coups redoutables du champion, alors il se mit à exciter Cuchulain et à tourner celui-ci en dérision. Il est vrai que le rôle du cocher consiste toujours à encourager son maître : c'est son rôle ! Subitement par magie, Cuchulain se transforma en un arc effrayant, semblable à un arc-en-ciel. Nous sommes encore en pleine magie et là, il eut réellement, une force de Chien de Combat. Ce qui parait normal pour lui, puisqu'il est le chien de Culan. Cuchulain alors, devant l'intensité du combat demanda à Laeg, d'aller chercher le Javelot Foudre qui était préparé dans le fleuve et qui ne pouvait être lancé que par les orteils. Maintenant, pour Cuchulain seule la magie pouvait agir. Laeg alla donc au bord du fleuve, affuta le Javelot Foudre et surtout le disposa au niveau du gué. Le cocher de Ferdiad avait remarqué le travail de Laeg, mais ce dernier était dans l'incapacité par quelque moyen, comme le lui demandait Feriad, d'éloigner Cuchulain. Une idée vint alors à Idh, le cocher de Ferdiad, il libera la rivière, ouvrit la digue et défit les préparatifs du Javelot Foudre. Devant cette entrave, Cuchulain entra dans une violente colère face à la perte de ses préparatifs et là, nous assistons à un violent combat de Cuchulain contre Ferdiad. Celui-ci, bondit du sol et sauta sur le bord du bouclier de Ferdiad. Ferdiad secoua son bouclier et jeta Cuchulain à neuf pas au-dessus du gué, vers l'ouest. On peut penser que c'est à ce moment précis, qu'il demanda à Laeg de préparer le Javelot Foudre. Toujours dans ce combat, Ferdiad rejoignit Cuchulain, qui était tombé à l'ouest du gué et à nouveau Cuchulain sauta sur le bord du bouclier de Ferdiad. Ferdiad secoua le bouclier et à nouveau, il jeta Cuchulain à neuf pas au-dessus du gué. Cuchulain, appella alors Laeg à l'aide. Laeg se jeta contre Ferdiad, il lui assena de grands coups de poings sur la face, si bien qu'il lui brisa les lèvres et qu'il lui abima l'œil et la vue. Après cela, il remplit à nouveau la pièce d'eau, arrêta le courant et prépara à nouveau le Javelot Foudre. C'est là que le cocher Idh, courût jusqu'à la pièce d'eau et fit à nouveau un passage dans le barrage. Cuchulain devant ce méfait, se mit encore dans une très violente colère, car ses efforts étaient anéantis. Pour la troisième fois, il sauta de terre et fut sur la bordure du bouclier de Ferdiad. Ferdiad là, donna un coup de genoux gauche sur le cuir du bouclier, alors que Cuchulain arriva comme par magie sous les eaux du gué. Voilà le dernier combat entre Cuchulain et Ferdiad avant que le Javelot Foudre, ne soit réellement mis en action et lancé par le pied de Cuchulain. Enfin, on pouvait utiliser le Javelot Foudre ! Mais Laeg, à ce moment précis, profère une sentence à Cuchulain sous forme d'un chant car - il faut se garder du magique qui relève du religieux - en lui enjoignant : « de ne s'en servir qu'avec précaution ». Alors Cuchulain, utilisa le Javelot Foudre en le maniant avec la rapidité du guerrier. [Il faut savoir que le Javelot Foudre, ne peut pas être manié par n'importe qui]. En même temps, Ferdiad remarqua que Cuchulain préparait de nombreux jeux empoisonnés. Quand Ferdiad entendit qu'il était question du Javelot Foudre, il rabaissa son bouclier pour protéger le bas de son corps. Quant à Cuchulain, il saisit d'abord le Javelot Court et le lança du plat de la main, au niveau de l'ouverture du cou de la peau de corne, et celui-ci alla jusqu'au cœur qu'il transperça. Puis Laeg, envoya le Javelot Foudre à Cuchulain, qui le lança d'un coup contre Ferdiad, il traversa la cuirasse épaisse en fer refondu et le Javelot Foudre entra en lui, par l'anus et tout son corps fut envahi de pointes. Au moment de mourir Ferdiad composa un chant, disant à Cuchulain : « que ce n'était pas juste, que ce soit lui, qui l'ait tué car, c'est sur toi que mon sang est tombé. » Redoutable reproche ! Après cela, Cuchulain se hâta vers lui et porta le corps de Ferdiad au nord au-delà du gué, de façon que cela soit au nord du gué et non au sud, qu'on constata l'endroit où il était tombé. Vraisemblablement, pour donner une résonnance divine à cette mort injuste, Cuchulain déposa alors le corps sur le sol et à ce moment, il eut comme une syncope et là, tous les hommes d'Irlande se levèrent pour s'approcher du cadavre. Puis une conversation s'engage entre Cuchulain et son cocher Laeg, car Cuchulain se sent bien seul, face à tous les hommes d'Irlande qui sont prêts à combattre contre lui. Le cocher exhorte encore Cuchulain, pour un futur combat et lui dit : « Lève-toi, chien de combat, même si Ferdiad est là, mort devant toi.» C'est à ce moment, que Cuchulain commence une sorte d'éloge funèbre, mêlée de remords car c'est l'ami véritable, un frère qu'il a abattu aussi injustement. Il arrive même à douter de son courage à lui. Laeg naturellement le rassure et veut qu'il se reprenne absolument. Cuchulain, fait alors son examen de conscience et se remémore tous les hommes qu'il a déjà massacrés dans sa courte existence. Une seule cause « la perfidie de Mehd ». Cuchulain commença alors à pleurer et à se lamenter et surtout à regretter qu'ils ne se soient pas rencontrés avant le combat, pour se parler. Toujours en conversant avec Ferdiad mort, il lui reproche de ne pas avoir écouté Fergus, ni Laeg qui lui auraient évoqué leur fraternité si intense. Les hommes de Connaugt auraient dû lui parler, car en fait, lui Cuchulain était le seul à faire de si grands exploits, car nous savons qu'il était habité par la Divinité ! Le doux Connall, aussi t'aurait évoqué notre fraternité. Cuchulain prononça alors, cette phrase très intense : « La main d'un guerrier qui tranche la chair des héros, ne sera pas semblable à celle de Ferdiad qui elle, a la couleur des nuages.» Cuchulain évoqua alors la trahison des hommes d'Irlande, qui l'ont fait combattre contre Ferdiad, car il fut fort difficile, tout au moins dans la « Razzia des vaches cooley » de s'opposer à lui. Enfin Cuchulain, toujours dans un chant, reproche à Ferdiad sa trahison car il est passé dans l'autre camp, c'est-à-dire le Connaugt. Pourquoi a t'il rompu une amitié qui semblait éternelle entre eux et tant chère. Il ne comprend pas ? A n'en pas douter, Ferdiad était un grand guerrier, et son union avec Finabair ne représentait qu'un leurre. Puis Cuchulain, demanda à Laeg de déshabiller Ferdiad, qu'il lui enlève son équipement et ses habits, surtout qu'il contemple la broche, car c'est-elle - cette fameuse broche que la reine Mebd a donné à Ferdiad en gage de son futur mariage avec sa fille - la cause de tout ce qui est arrivé ! Il fit d'ailleurs, un chant au sujet de la « broche d'or ». Cuchulain, demande alors à Laeg, d'ouvrir le corps de Ferdiad pour lui enlever le Javelot Foudre qui était en lui, ce qu'il fit. Et là, devant le corps étendu de Ferdiad, Cuchulain fit un chant magnifique où il évoque les combats qu'ils ont accomplis ensemble, les meurtres qu'ils ont commis et il va même jusqu'à regretter que Ferdiad soit mort, avant lui. Au fond, tout cela est pitoyable, étant donné ce que le Druide nous a enseigné. A la fin du chant Laeg, lui conseille de quitter le gué. Alors Cuchulain, a une prise de conscience extraordinaire. Il pense que dans sa vie, tout a été que jeux. Ils avaient la même nature, le même art quant aux armes, et ils étaient les plus courageux. Tout était plaisanterie, jusqu'à ce que Ferdiad vienne au gué.

Dans cette « razzia », il a abattu une foule d'hommes et de chevaux. Il a presque tué, la moitié des gens du Counaugt, par son jeu cruel. Il n'est jamais sorti de la terre ou de la mer quelqu'un dont la gloire, fut plus grande.

La mort de Cuchulain

Cette mort, qui a été admirablement bien traduite, par monsieur Guyonvarch à partir du moyen Irlandais dans « Ogam 18 », dont il a donné la version « A », tiré du livre de Leinster. Celle-ci, nous pose d'abord des questions ? Pourquoi Cuchulain en tant que héros, meurt ? Car normalement, un héros ne devrait pas mourir ! C'est qu'il n'est pas souverain, comme l'exprime si bien madame Françoise Leroux dans : « Les Déesses Guerrières ». De plus, il ne faut pas oublier que nous avons affaire à des êtres mythiques, que cela soit Cuchulain, Mebd ou Conchabar etc... ce sont des symboles et il faut les comprendre en ce sens. Derrière tous ces mythes, c'est ce qu'à deviné madame Françoise Leroux, il y a tout un arrière-plan religieux. C'est même cela l'essentiel. Elle a même su étudier les différents points, où dans « la Razzia des vaches de Cooley » se cache le religieux. D'ailleurs, en partie grâce à elle, beaucoup de personnes en ce moment travaillent sur le sujet.

Comment le religieux, nous est-il dévoilé ?

a)Par, le dénudement des femmes demandant grâce ou protection.

b)Chez, les enfants de Calatin et les Fomoires (sorte de Démons), qui correspondent à une sorte de reflet de la magie noire. La magie est une technique religieuse.

c)Par, les relations de Cuchulain avec la Bobd ou la Morrigan (voir les rapports des Héros et des Déesses aurorales).

d)Par, les relations des Satiristes avec Cuchulain, qui relèvent aussi du domaine religieux.

e)Comme, le thème de la tête coupée, de la forêt guerrière.

Explorons donc, sous l'égide, de madame Françoise Leroux, le thème de la « poitrine découverte », qui ne se trouve que dans la version « A » de la « Razzia ». C'est un thème très archaïque. Ces femmes demandent à Cuchulain d'une part, sa protection et d'autre part, elles veulent absolument l'empêcher de partir à la grande bataille, contre les hommes d'Irlande, menée par la reine Mebd qui est toujours à la recherche de sa souveraineté guerrière perdue, à cause du « Brun de Cuanlge » qui s'est sauvé de son Royaume de Connaugt pour aller en Ulster. Là, cette nudité ne correspond pas à un acte sexuel, mais à un acte religieux. Dans l'enfance de Cuchulain, celui-ci après un combat était déjà dans un état de fureur extrême. Des femmes dénudées l'attendaient avec des baquets d'eau froide pour atténuer sa fureur. Le 1er baquet éclata, dans le deuxième baquet, l'eau se mit à bouillir et ce n'est que dans le troisième que Cuchulain se calma. Quant aux Fomoires, ils apparaissent dès la deuxième invasion de l'Irlande, c'est-à-dire tout au début de son histoire, sous le règne de Partholon le sacré. Il faut savoir que l'Irlande a été constituée par cinq invasions. Les Fomoires étaient des démons à forme humaine, n'ayant qu'une seule jambe, qu'un seul bras et qu'un seul œil. La laideur, la difformité, correspondent à des signes distinctifs, disons du mal, dans son essence profonde. Nous constatons aussi que les enfants de Calatin, se retrouvent à tous les niveaux dans le mythe de la mort de Cuchulain. Ce sont eux qui passent les lances empoisonnées aux hommes d'Irlande pour tuer Cuchulain. Nous parlerons de ceux-ci tout à l'heure. Mebd, reine du Connaugt, s'est servie de la vengeance de ceux-ci, car leur père avait été tué horriblement par Cuchulain. Ses enfants étaient au nombre de 27. Calatin et ses 27 enfants, avaient été tués lors d'un duel dans la « Razzia des vaches de Cooley ». Mais il faut ne pas oublier, que nous sommes dans le mythe et que Calatin eut six enfants, trois filles et trois garçons à titre posthume. Enfants que la reine

Mebd recueillit et fit instruire en magie dans les Iles du nord du monde. N'oublions pas, que ces enfants sont aussi d'essence guerrière, puisque les trois filles de Calatin sont appelées les trois Bobd, du nom de la grande Déesse Guerrière ; de plus celles-ci, manient l'illusion magique par leurs ruses et leurs artifices, en paralysant physiquement Cuchulain, mais aussi son esprit. Lorsqu'il partit au combat contre les hommes d'Irlande, Cuchulain était déjà vaincu, car en chemin il avait rencontré les trois sorcières borgnes de l'œil gauche, maniant la magie noire, qui faisaient cuire un petit chien sur des branches de sorbier et il avait accepté de manger cette viande de chien qu'elles lui avaient offerte. D'une part, c'était un interdit pour Cuchulain de visiter un foyer sans consommer la nourriture qu'on lui proposait et d'autre part c'était aussi un interdit que de manger de la chair de son homonyme. Cela le mena à la folie et même les incantations des Druides à ce moment là, ne parviennent pas à le remettre dans la normalité. Il eut des visions hallucinatoires, car les Guerriers que Cuchulain voit à ce moment là, ne sont que de l'herbe sèche, disons une sorte de leurre. Mais, la magie des enfants de Calatin, ne sera opérante que pendant trois jours. Il semble donc que tout cela, s'est passé lors de la fête de Samain, où notre monde se mêle à l'autre monde. Toujours par rapport à la mort de Cuchulain, je vais reprendre les rapports ambigus que Cuchulain rencontra, face aux Déesses guerrières. Dans la version « A », la Morrigan Déesse de la guerre, brise le char de Cuchulain la nuit pour que celui-ci ne parte pas au grand combat contre les hommes d'Irlande. Mais à ce sujet le texte le plus complet ne se trouve pas dans la « Razzia des vaches de Cooley », mais dans la « Razzia des vaches de Regamen ». Comme Cuchulain dormait, subitement il entendit un cri qui venait de nord et celui-ci s'avançait vers lui. Il s'éveilla en sursaut puis, il alla dans la prairie où sa femme Emer, lui apporta ses armes. Laeg son cocher, qui venait aussi du nord, vint vers lui, car lui aussi avait entendu un cri qui parvenait du nord/ouest. Il faut savoir, que chez les celtes, le cri annonce la guerre. Ensuite, Cuchulain et Laeg partirent et sur la route, ils entendirent le bruit d'un char conduit par un cheval rouge. Le cheval n'avait qu'une patte et le timon du char passait à travers le corps du cheval si bien, que celui-ci ressortait au milieu du front. Une femme en rouge - le rouge traduit le monde guerrier - avec deux sourcils rouges, était dans le char, son manteau et son équipement étaient rouges. Elle était accompagnée d'un homme en rouge à coté du char qui poussait une vache devant lui. Il avait un manteau rouge et sur l'épaule une épée grise, il avait donc sur lui tous les signes de la souveraineté. C'était donc un Druide (car le Druide est automatiquement souverain). Cuchulain subitement s'adressa à ces personnes étranges du char et déclara : « La vache n'aime pas être conduite par vous ! », « cela te dérange », déclara la femme en rouge ? (Cuchulain peut s'exprimer ainsi, car c'est lui qui s'occupe des vaches des Ulates). Alors, une discussion s'en suit. Cuchulain est déjà étonné que cela soit toujours la femme qui s'exprime et non l'homme. Puis à un moment donné, Cuchulain leur demande leur nom et l'homme lui répondit simplement que la personne à qui il s'adresse, n'est pas une femme et ils se donnèrent alors, des noms extravagants. Cuchulain vexé, sauta dans le char et mis ses deux jambes autour du coup de la femme et son épée sur son crâne. Quand Cuchulain leur demanda à nouveau leur nom, à ce moment là, la femme en rouge lui répondit qu'ils étaient des satiristes et que l'homme en rouge qui l'accompagnait, emmenait une vache en récompense, pour un poème. Puis la femme s'exprima en ces termes : « enlève-toi de moi » .Cuchulain sauta du char, mais subitement, il ne vit plus rien, ni le cheval, ni la femme, ni le char, ni l'homme, tout avait disparu. Il ne vit qu'une Corneille sur une branche d'arbre, ce qui prouvait bien que la femme était une Déesse, car seule les Déesses peuvent prendre des aspects

Zoomorphes. Cuchulain réalisa alors sa méprise, et s'exprima en ces termes : « Si seulement j'avais réalisé qui tu étais ! », à nouveau la femme en rouge dit : « De ce que tu viens de faire, tu n'en tireras que du mal ». Cuchulain pensa qu'elle ne pouvait rien. Alors, La femme en rouge lui dit : « Je le peux en vérité, car c'est moi qui te garde de la mort, et je peux t'en garder ! J'emmenais cette vache au Sid de Cruachan, afin que le Brun de Cuanlge puisse la couvrir. Quand à toi, tu restera en vie, aussi longtemps que le veau, qui est dans le ventre de cette vache, sera un veau d'un an ». Nous sommes là, en plein mythe. N'oublions pas que c'est le « brun de Cuanlge » évadé du Connaugt qui sera la cause de la « Razzia des vaches de Cooley », comme l'avait exprimé la dispute sur l'oreiller entre la reine « Mebd » et le roi « Allil ». Car là, elle s'était aperçue que le « Brun de Cuanlge » qui représente sa souveraineté guerrière, était parti en Ulster. Puis, elle assène à Cuchulain de nombreuses menaces, toujours grâce à ses transformations animales et là encore, elle lui exprime qu'elle fera un charme sur lui. Nous sommes toujours dans la magie. Il faut noter que ce passage, se trouve dans la version II de la « Razzia » qui est plus longue que la version I, mais disons, moins ancienne. C'est la Morrigan qui fera périr Cuchulain, lorsqu'il sera au combat dans la « razzia » lors de la grande bataille contre les hommes d'Irlande. Là, elle vint sous forme d'une génisse aux oreilles rouges. Cuchulain creva les yeux de la Morrigan qui revient sous une autre forme. Une fois une anguille, une autrefois une louve, nous voyons donc les métamorphoses successives de la Déesse. Dans la version B, elle se transforme en corneille pour nuire à Cuchulain et c'est en amoureuse dépitée, que la Morrigan assistera à la mort du héros. Enfin, Cuchulain et Laeg son cocher, arrivèrent à la forteresse de Mutherme et c'est alors qu'Erc, homme d'Irlande, décrit ce qui est devant ses yeux. Il voit un beau char, avec un grand nombre de jeux d'armes et d'épées. Il décrit d'abord les deux chevaux qui sont de couleurs différentes et qui ont même des jougs dorés sur eux. Il y a là, dans ce char, un bel homme à l'épaisse chevelure, tenant dans la main une lance rouge incandescente, qui jette des étincelles. L'auréole de la valeur violente est au dessus de ce héros. Une scène et des mots qui évoquent le soleil. Nous savons que par son père, Cuchulain est Lugien. Puis Erc insiste sur la chevelure de Cuchulain car, la chevelure des Celtes fournit un jeu de signe et au fur et à mesure de la description de ses trois tresses enroulées autour de sa tête, nous pressentons qu'il y a là, quelque chose de sacralisé. Sa chevelure représente les trois fonctions. Dans sa partie extérieure, elle fait comme une couronne d'or autour de sa tête sur laquelle le soleil vient briller un jour d'été. Ce fait, nous rappellera que Cuchulain a toujours un rapport avec le soleil. Puis Erc annonce que Cuchulain, vient vers eux : « attendez-le » dit-il. On dressa un tumulus d'herbes qu'on mit sous les pieds d'Erc et on fit un rempart de boucliers autour de lui, puis il incita les hommes d'Irlande à se lever, car le combat allait commencer. Les hommes d'Irlande, demandèrent d'abord conseil à Erc. Comment nous garderons nous ? Comment tiendrons-nous, devant ses jeux ? Erc leur répondit, que ce n'était pas difficile : « Faites une seule troupe, faites un mur de vos boucliers tout autour de cette troupe, tout autour d'eux, et surtout mettez un trio à chaque bout de cette troupe ». Les deux hommes du bout, se battront à coté d'un satiriste doté d'une baguette de coudrier. Ils lui demanderont un de ses javelots préparés qui s'appelle "Victoire des Victoires". Il y a une prophétie, qui dit que ce javelot tuera un roi. Nous allons voir tout à l'heure, que les hommes d'Irlande créèrent un piège faramineux à Cuchulain. Puis Cuchulain se dirigea vers la troupe. Il fit sur son char, les trois jeux du tonnerre pour disperser les armées dans la plaine de Murthème puis, il vint vers la troupe et là, nous sommes en plein mythe, car par ses jeux il tua beaucoup de monde, à tel point qu'on ne voyait que des crânes, des os, des bras, dispersés dans la plaine de Murtheme. La plaine était grise de cervelles. Là, nous constatons que Cuchulain dans ce combat agit par magie. Magie d'ailleurs, qui n'est qu'une technique de la religion, comme je l'ai déjà évoquée. Puis Cuchulain vit deux hommes, occupés à se battre sans qu'on les séparât : « Honte à toi », dit le satiriste à Cuchulain, si tu ne sépares pas ces deux hommes. Cuchulain bondit sur eux et leur donna un coup de poing sur la tête et leur cervelle jaillit et sortit par les oreilles. A nouveau Cuchulain passa au travers de l'armée et Lugaid, fils de Curoi, lança le troisième javelot, préparé par les filles de Calatin, contre le char et Laeg fut atteint. Ses entrailles se répandirent hors de lui. Cuchulain alla vers Laeg, lui arracha le javelot et lui fit ses adieux. Aussi Cuchulain, déclara qu'à partir de ce jour, il serait guerrier et cocher. Quand Cuchulain arriva au bout de la troupe, à nouveau, il vit deux hommes en train de se battre et à nouveau en voulant les séparer, il les mit en morceaux. Aussi, le satiriste demanda à Cuchulain qu'il lui donna son javelot. Mais celui-ci lui dit : « qu'il en a grand besoin, car il a contre lui, les quatre grandes provinces d'Irlande». Le satiriste lui dit : « qu'à cause de lui maintenant, c'est les Ulates qu'il satirisera ». Cuchulain, se rendant compte, qu'il n'a plus longtemps à vivre, lui jeta sa lance par le fût. Celle-ci, lui traversa la tête et en même temps, il tua 9 hommes à l'ouest et Cuchulain se remit à courir à travers l'armée. Puis Erc prit le javelot, demanda encore une fois aux enfants de Calatin « qui tombera à cause de ce javelot ? ». Et les enfants de Calatin évoquent qu'il est déjà tombé un roi, le roi des cochers d'Irlande "Laeg". Puis Erc, lança encore le javelot contre le gris de Macha. Cuchulain arracha le javelot et là, ils se dirent mutuellemnt adieu. Le gris de macha partit au loin, avec la moitié du joug. A nouveau Cuchulain partit à travers l'armée et le même stratagème se reproduisit aussi, encore une fois le satiriste demanda son javelot à Cuchulain. Cuchulain refusa de lui donner et le même scénario se reproduisit. Enfin, Cuchulain tua le satiriste. Puis, Cuchulain traversa à nouveau l'armée et Lugaid prit des mains des enfants de Calatin, le dernier javelot préparé et les enfants de Calatin dirent encore une dernière fois, qu'avec ce javelot tomberait un roi. Cette fois-ci, le javelot lancé par Lugaid traversa Cuchulain, si bien que ses entrailles, se répandirent sur le coussin du char. Quand au Noir, l'autre cheval du char de Cuchulain, il partit pour le Lac Noir, dans lequel il se jeta et le lac se mit à bouillonner. Quant à Cuchulain, il resta tout seul dans son char, au milieu de la prairie de Murthemme, puis il décida d'aller au lac pour y boire. On le laissa partir. Il ramassa alors ses entrailles et les fit entrer dans son ventre, Il but et se lava dans le lac ; ensuite, il alla à l'ouest du lac et découvrit là un grand pilier de pierre, il l'entoura de sa ceinture afin d'y mourir, ni couché, ni assis. Les hommes d'Irlande vinrent vers lui, mais n'osèrent pas l'approcher, car c'était comme s'il était vivant. Seul Erc demanda la tête de Cuchulain pour venger son père. Le Gris de Macha, vint vers lui, pour le protéger tant que son âme serait là, et le Gris de Macha, fit trois charges rouges autour de lui. Cinquante hommes furent tués par ses dents et il tua encore trente hommes de l'armée. Ensuite des oiseaux vinrent sur son épaule, ces oiseaux indiquent le destin. Lugaid arrangea la chevelure de Cuchulain et c'est lui, qui lui coupa la tête. Alors, l'épée de Cuchulain en tombant, coupa le bras droit de Lugaid. On coupa alors le bras de Cuchulain pour le venger. Puis l'armée, s'en alla et ils emportèrent la tête de Cuchulain et sa main droite à Tara, lieu le plus Sacré. Puis les hommes d'Irlande partirent vers le sud. Lugaid se baigna dans la rivière. Quand aux troupes des Ulates, après avoir relevé les impôts, elles partirent vers le nord. Maintenant, il ne faut pas oublier qu'il y avait une convention, entre Cuchulain et Connall Cernarch car, lorsque le 1er des 2 serait tué, l'autre irait le venger. D'ailleurs, le jour même, son ami Connall alla pour le venger. Au cours de son trajet Connall rencontra le

Gris de Macha, sanguinolent et le cheval lui avoua que c'est Lugaid, fils de Curoi roi de Leinster, qui avait tué son frère de lait Cuchulain. Alors Connall et le Gris de Macha, firent le tour du champ de bataille. Ils virent Cuchulain contre un pilier. Le Gris de Macha alla mettre sa tête sur sa poitrine en signe d'affection. Connall arriva et déclara que ce lieu serait, "la clôture du grand Homme". Quant au Druide, il demanda que ce lieu soit baptisé de ce nom. Puis Connall, part à la poursuite de Lugaid qui était allé se baigner. Lugaid demanda à son cocher : « si personne ne venait » et celui-ci, lui répondit : « qu'un cavalier isolé arrivait vers eux » et ce dernier ajouta : « On dirait que tous les corbeaux d'Irlande sont devant lui ». Le corbeau est une métaphore du guerrier, ou est-ce là une apparition de la Morrigan ? Pour Lugaid, toutes ces descriptions semblaient un leurre. Connall trouva Lugaid et lui déclara qu'il est venu demander sa créance, au sujet du meurtre de son ami Cuchulain. Aussi entre eux, un combat fut décidé pour venger le mort. Ils doivent se rencontrer dans la plaine d'Argetros selon le désir de Lugaid. Lugaid lança d'abord son coup de javelot à Connall, puis la bataille recommença et comme Lugaid n'avait qu'un seul bras, il demanda alors à Connall, qu'on lui lie un bras, « ce qui fut fait ». Cela montre leur souci de rigueur ! Le combat dura 2 jours. Mais aucun ne l'emporta sur l'autre. Quant Connall vit qu'il ne l'emporterait pas sur Lugaid, Connall regarda son cheval rouge de rosée à la tête de chien, qui tue tous les hommes dans les combats. Alors le cheval, se dirigea vers Lugaid, lui arracha un morceau de flan et ses entrailles en sortirent. Lugaid se rendit compte qu'il allait laisser sa tête là et il le déclara même à Connall. Nous voyons là, que nous sommes encore en pleine magie puis mystérieusement Lugaid donne à Connall son royaume" Valeur contre Valeur"ce qui est courant dans cette tradition. Pourtant Connall partit en emportant la tête de Lugaid. Ensuite ce furent les Ulates, que dans son parcours Connall rencontra. Ceux-ci étaient censés avoir déposé la tête de Cuchulain quelque part, mais quand Connall demanda : « où était la tête » ? Les Ulates réalisèrent que celle-ci avait était oublié sur une pierre. Aussi, ils retournèrent au lieu, où ils l'avaient déposée et ils virent une chose étrange - la tête avait fait fondre la pierre - et elle était passée au travers de celle-ci. Cependant l'âme de Cuchulain eut la force de se montrer au dessus des « 50 reines » qui avaient été humiliées et on vit même Cuchulain, dans son char au-dessus d'Emain Macha, comme un fantôme. Cuchulain chantait et on entendait même ce qu'il disait. Au fond, lui aussi prophétisait ! Telle fut la mort de Cuchulain.

Les enfants de Calatin

Je pense, qu'il est nécessaire de parler des enfants de Calatin car, cela permet de soulever certains problèmes exposés dans différents textes, par monsieur Guyonvarch dans « Magie, médecine et divination ». Les enfants posthumes de Calatin, ont un rôle central dans la mort de Cuchulain.

Tout d'abord parlons de Calatin. Calatin, malgré ses 27 enfants, en réalité doit être perçu comme une « Hydre ». C'est un monstre collectif, que Cuchulain détruisit lors d'un duel. Mais ce qui est important dans ce mythe, c'est qu'après sa mort, il eut 6 enfants posthumes, trois filles et trois garçons et ce sont ces derniers qui voulaient venger leur père. Ils accumulèrent une affreuse haine vindicative contre Cuchulain. Haine attisée aussi, par le désir de vengeance de la Reine Mebd contre Cuchulain, qui mit en place tous les moyens pour anéantir son terrible ennemi Cuchulain. Mebd recueillit ces enfants. Leur apparence montrait déjà leur aspect varounien, maléfique par leur difformité physique. Ils sont borgnes, manchots et unijambistes. On les rattache d'ailleurs aux Formoires. C'est la reine Mebd elle-même, qui tout en poursuivant son idée de haine contre Cuchulain, fit faire à ceux-ci une mutilation magique qui définitivement les assimilera aux Fomoires, en leur coupant le pied droit, la main gauche et en leur crevant un œil. Ici la sorcellerie est donc signifiée déjà, par la laideur. Elle les envoya d'ailleurs, dans les Iles du Nord du monde, pour que ceux-ci apprennent la magie, la sorcellerie et ces derniers sont déjà grands quand Mebd les récupère et là, monsieur Guyonvarch nous donne la traduction d'un vieux et très beau texte : « Les enfants de Calatin sortirent vite de l'enfer, vinrent sur des nuages de vent bruyants et arrivèrent sur la pelouse de Cruachan en Connaugt. Mebd se leva de bonne heure ce matin là, dans son appartement de verre, elle aperçut six sorciers aveugles, horribles, étranges, devant la pelouse et quand elle les vit vraiment, elle prit son manteau de pourpre - c'est-à-dire de souveraine - et elle le plia 5 fois - chiffre symbolique - autour d'elle. Elle s'assit parmi eux et les interrogea sur leurs aventures, leurs voyages ». La preuve qu'ils sont prêts, c'est qu'ils ont livré de grandes batailles aux troncs mouvants de la science, aux digitales agitées et au feuillage des chênes. Là, nous sommes totalement dans la magie végétale et cette dernière est retrouvée dans la deuxième version ou version "B" de la mort de Cuchulain. Version postérieure à la version "A" où la mort de Cuchulain est causée par la violation d'interdits, comme l'expriment les textes tirés du livre de Leinster. Il faut aussi savoir que la magie fait partie intégrale de la religion et qu'il fallut longtemps se pencher sur les textes, pour saisir comme le fit d'abord madame Françoise Leroux, pour comprendre tout cet arrière plan religieux. D'ailleurs, la magie est maniée par la classe sacerdotale et elle existe pour contraindre les rois, les guerriers, à respecter certains nombres de règles. Sur le plan théologique, elle représente le plan le plus inférieur de la souveraineté et elle est liée à la guerre. Nous nous souvenons, qu'à un moment Cuchulain devant l'avance des hommes d'Irlande en Ulster, trace un cercle avec des ogams à l'intérieur. C'est un acte religieux qu'il fait. Cela arrêtera un moment la progression des armées des hommes d'Irlande. La magie s'adresse aux hommes et la notion celtique du sacré, englobe la totalité des virtualités de l'être. Toujours dans la deuxième version de la mort de Cuchulain, nous voyons les enfants de Calatin, chercher dans la vallée Cuchulain, car ceux-ci avaient compris que Cuchulain était caché en ce lieu, après avoir aperçu son cheval et son cocher. Aussi les 6 enfants de Calatin, dont trois représentaient les trois Bobd - c'est-à-dire la grande Déesse Guerrière -, après avoir rassemblé des chardons pointus, de la digitale aux pointes légères, ceux-ci formèrent des forêts volantes et fanées et elles en firent ensuite des guerriers nombreux et armés. Si bien, que la vallée fut pleine de blessures, de dépouilles, d'incendies et de cadavres. Toute la vallée ressentit les pouvoirs magiques des enfants de Calatin. Si bien qu'il n'y avait plus ni sommet, ni colline autour de la vallée. Cuchulain finira par céder à ces illusions magiques et à leur envoutement. Il se retrouvera même prisonnier de leurs envoutements. Voilà, le pouvoir des enfants de Calatin. Cuchulain en mourra. Ce sont ces illusions évoquées qui peu à peu ont paralysé le corps et la pensée de Cuchulain puis, cela provoqua sa mort. Bien sombre destin, pour un héros.

1er Voyage d'après le texte de monsieur Jouët

Dans un premier temps, nous rencontrons Conn aux cent batailles, roi de Tara en Irlande. Celui-ci, vient de perdre son épouse. Ce dernier est assez éprouvé par ce fait. Arrive dans son royaume une femme du Sid- c'est-à-dire de l'autre monde - qui a même été expulsée de celui-ci. Il s'agit de Bécuma, Déesse aurorale et ambigüe, qui est amoureuse d'Art, le fils de Conn. Si Bécuma est envoyée par le Sid, au royaume d'Irlande, c'est qu'elle doit certainement accomplir une mission. Naturellement, elle rencontre le roi Conn et se fait passer pour Delchaem, autre femme du Sid qui elle, est une Déesse aurorale. Il semblerait même qu'elles soient parentes. Comme Conn est seul, il hésite, mais Bécuma prend la responsabilité alors qu'elle aime son fils, de s'unir à Conn. Elle exige aussi qu'Art, le fils de Conn, soit envoyé pour un an dans l'autre monde. Ce qui d'ailleurs, scandalisa beaucoup de personnes dans le royaume. A partir du moment où Conn s'était uni à Bécuma, la fertilité du royaume baissa d'un tiers, ce qui est un fait très important dans un royaume celtique, car la royauté s'appuie toujours sur la fertilité. Aussi des Druides se réunirent et pensèrent qu'il y avait qu'une solution, faire un sacrifice de sang, pour rénover la terre du royaume par le sang, que l'on mélangerait à celle-ci. Mais, il fallait que cela soit le sang d'un être pur. Alors Conn, décida d'aller dans l'autre monde chercher un être pour le sacrifice correspondant à tous les critères. Il partit en mer, c'est-à-dire qu'il fit la traversée de l'eau avec son ceracle. Il rencontra sur son chemin de nombreux animaux marins, mais ceux-ci ne l'attaquèrent pas. Nous constatons que l'eau est le meilleur moyen pour parvenir à l'autre monde. Quand Conn arriva enfin dans l'autre monde, il alla d'îles en îles et accosta dans l'île de la terre des promesses. C'est dans cette île qu'il rencontra un jeune roi Segda, assis sur un trône de cristal et dès qu'il fut dans ce palais, tout fut comme miraculeux. On lui donna un bain pour le reposer et on le fit manger. Là, on parla quand même de certaines geis. Tout ce passa admirablement. Le roi Conn, expliqua à Segda, pourquoi il était venu et celui-ci accepta le sacrifice. Aussi, le roi Conn retourna dans son royaume en trois jours. Il est vrai que nous sommes dans l'autre monde. Les Druides exigèrent alors, le sacrifice prévu. Segda sembla accepter le sacrifice, mais avec une certaine nuance, c'est lui qui déciderait du moment de sa mort. A ce moment-là, on entend une vache qui meugle. Elle est accompagnée d'une femme en rouge qui doit être une

Déesse aurorale et on lui explique que les Druides, malgré l'opposition de roi, veulent tuer Segda qui, par son sacrifice sauvera le royaume atteint d'une certaine infertilité ceci, depuis l'arrivée de Bécuma. Alors elle pose une énigme aux Druides, en leur demandant ce qu'il y a dans les deux sacs, qui sont de chaque coté de l'animal. En plus, elle leur apprend que cette vache, qui doit représenter la vache de l'année, est venue pour sauver l'innocent. Elle, en tant que Déesse, elle sait ce qui doit-être fait car, c'est le sang de l'animal qui rénovera la terre d'Irlande quand la vache sera dépecée. Elle demande qu'on lui ouvre les 2 sacs et là, il y a 2 oiseaux. L'un a une patte et l'autre douze pattes. Ils se battent entre eux et c'est l'oiseau à une patte qui gagne la bataille. L'oiseau vainqueur représente Segda et l'oiseau battu les Druides. Quant à la Déesse de l'autre monde, qui accompagnait Segda, elle demande ensuite à Conn qu'il renvoie Bécuma pour que la fertilité réapparaisse dans son royaume. Mais quel est le sens de tout cela, que monsieur Jouët décrit dans son livre ? Nous trouvons au centre de ce drame, l'être mystérieux Segda, sorte de réparateur des maux causés par Bécuma qui déjà avait été expulsée du Sid, c'est-à-dire de l'autre monde. Ce sont les souverains de l'autre monde qui mettent en valeur la pureté, la beauté physique de Segda. Il est unique, car il est né d'un seul rapport entre ses parents. Mais qui est-il ? C'est un champion de la Vérité. Vérité au sens de liaison, exactitude dans le monde celtique. Il représente un comportement royal. Mais on comprend à travers le mythe, que Segda comme Bécuma, sont en ce royaume d'Irlande en mission. La Vérité dans les royaumes celtes a un rôle essentiel. Elle est fondatrice et toute atteinte à la Vérité désorganise l'ordre social. Même la mortalité par la Vérité est écartée du royaume. Segda possède donc la puissance magique du vrai. En fait, au début du mythe, par la recherche de Segda nous assistons à un rituel de rénovation. En résumé, Segda est une image de perfection.

Nous retrouvons là, la notion de roi caché, courante dans le monde indo-européen. C'est un monde idéal qui doit se fonder sur la Vérité du monde. En fait, ce qui semble important, c'est le sacrifice de la vache et ce sacrifice est initié par une Déesse aurorale femme de l'autre monde.

Monsieur Jouët, propose de trouver l'explication de ce mythe, accompagné d'un rituel dans la cérémonie du passage de l'année, qui se célèbre à Samain. La chronologie là est importante. Conn régna 9 ans. Sa puissance est épuisée au bout de ce temps. Il faut aussi considérer le temps de voyage de Conn pour aller à l'autre monde, c'est-à-dire trois quinzaines, mais magiquement celles-ci deviennent trois jours, pour le retour de Conn. Quant à Bécuma, elle arrive à la saison sombre, et un an après son arrivée, Conn s'embarque pour l'autre monde. Ces deux actes correspondent au début de la saison sombre, c'est-à-dire début novembre.

Par contre l'arrivée de Segda et de sa mère, qui correspond à une nouvelle intervention de l'autre monde, se situe au moment du solstice d'hiver, à l'entrée de la période des 12 jours. Là, c'est le dispositif sacrificiel qui se met en place. Quant à l'énigme des 2 sacs où se trouvent 2 oiseaux, qui vont se battre et où l'oiseau à une patte gagne, elle semble correspondre à un symbolisme solaire car, l'oiseau à une patte se rapporte dans le monde Indo-Européen au soleil. Il serait même une Divinité solaire liée à un monde invisible. C'est au fond l'axe calendaire, qui va nous donner certaines explications. Nous voyons que les voyages de Conn et d'Art se situent de chaque côté d'une ligne dont l'axe est le solstice d'hiver. Conn voyage durant la période du déclin solaire et Art son fils, durant la période ascendante. Pour les Druides, lors du départ du roi Conn, il semble qu'au début de Samain, ceux-ci se réunissent en assemblée, réunion où on légifère.

Quant à l'assemblée du sacrifice, elle se situait au solstice d'hiver, toujours avec l'assemblée des Druides. Lors du retour de Conn, elle est fort houleuse et nous constatons même comme un éclatement de la société, ce qui est contraire à l'équilibre Indo-Européen. Les druides se rendent bien compte que nous sommes dans une fin de règne. Monsieur Jouët parle même d'une parole usée des Druides, car ils ne devinent même pas l'énigme que leur pose la mère de Segda. Ils s'effacent devant la transcendance des envoyés du Sid. Quant au voyage de Conn vers l'autre monde, pour ramener celui qui représente toute les espérances communautaires, il l'a fait pour trouver et démontrer que toute notre force, notre vie, a comme base le Sid, c'est-à-dire l'autre monde. Samain, comme je l'ai déjà exprimé c'est l'entée dans la saison sombre, où se jouait un rituel, dans lequel lors de cette fête, celui-ci contenait en son essence, un événement à la fois mythique et politique.

Deuxième Voyage

Dans la seconde partie des aventures d'Art, fils du roi Conn aux cent batailles, nous rencontrons l'expédition hivernale, dont je parlerai plus tard. Tout commence par la rencontre entre Bécuma et Art, le héros. Bécuma propose à Art de jouer avec elle aux échecs. Dans un 1er temps, c'est Art qui gagne la partie. Il lance une geis, en demandant à Bécuma qu'elle aille récupérer et surtout, qu'elle lui rapporte la baguette magique de Curoi. Ce qu'elle fit, et ayant trouvée celle-ci, elle la dépose sur les genoux d'Art. La baguette va permettre à Art d'être maître du monde. Un deuxième jeu, est proposé encore une fois par Bécuma et là, il va se passer des choses étranges. Art se rend compte, que c'est le Sid lui-même, qui manipule les pièces des échecs, aussi perd t-il la partie. Maintenant, c'est Bécuma qui impose à Art une Geis.

Il doit ramener Delbchaem, autre déesse aurorale en Irlande, à Tara, car Becuma par sagesse, lie Art. D'où le départ d'Art pour aller dans le Sid. Art prend la voie maritime, c'est la traversée de l'eau noire et là, il s'aide de la baguette magique de Curoi. Il aboutit comme son père, à une île assez merveilleuse, pleine de pommes sauvages et d'oiseaux étranges. Enfin Art, découvrit une maison dans laquelle se trouvait une troupe de belles femmes, et parmi celle-ci une des déesses aurorale, Creide. Celle-ci prophétisa, comme tout autre déesse aurorale l'aurait fait, à Art toutes les épreuves qu'il aurait à subir pour parvenir jusqu'à Delbchaem, autre déesse aurorale. Je dois dire, qu'on avait déjà reconnu à Art, dans l'île merveilleuse, sa fonction royale car quand on lui mit le manteau royal celui-ci, lui allait parfaitement. Ce fait est très important. Il est vrai que sa venue dans cette île, avait été déjà prédite par la déesse aurorale Creide. On le conduisit au Griannan, aux parois de cristal et aux cuves inépuisables. Ce Griannan est très important, car il prédispose aux illuminations, car lui-même, correspond à la représentation de la lumière solaire. Ce Griannan correspond à la première étape, qui permettra à Art de voir les choses, sous tous leurs aspects à la fois. Quant au pouvoir solaire du Griannan, il nous démontre qu'Art est bien dans l'autre monde et en même temps ce Griannan produira l'éveil d'Art, ce qui est très important quand au voyage dans l'au-delà. Là, Art est hors du temps. Il ne sombre pas comme son père, dans des épisodes hasardeux. Tout là, lui parait finalisé. Au fond, sa route est déjà tracée par les Dieux et déjà son sort lui parait comparable à celui d'autres conquérants de l'année, son rôle est de ravir l'aurore, pour apporter au royaume la saison claire. Mais une question est posée, où demeurent ces aurores, Déesses Lumineuses ? En fait pendant la période sombre, nous savons que par principe l'aurore, que je vais évoquer est liée à la belle saison de l'année c'est-à-dire à la saison claire, c'est-à-dire au Ciel Diurne dominant. L'Aurore accompagne le soleil dans sa course et comme lui, ces aurores se réfugient à l'extrême Ouest, ou même dans les Tertres, lors de la saison sombre hivernale. Là, les aurores, comme le soleil, sont loin de la terre des hommes. Je ne parle pas de l'aurore de tous les jours, mais de cette entité complexe, semblable à l'Usas Védique. Là nous avons affaire à l'aurore du cycle annuel, ou cosmique. Quant au héros, il lui faudra suivre le chemin du soleil et franchir les ténèbres hivernales. Quant à la fameuse aurore, celle de l'entité complexe, fractionnant l'année en deux parties, nous constatons que pendant cette période sombre, elle est captive et le rôle capital du héros, est justement de la libérer et de la réveiller. Son travail consiste à aller la chercher sur l'autre rive, dans un monde autre, car ces aurores sont absolument nécessaires pour ouvrir un autre cycle. L'aurore là, est une divinité permanente, auxiliaire du ciel diurne et du soleil, née dans l'espace rouge. Mais il faut aussi imaginer qu'il y a des aurores auxiliaires, et nous rencontrons celles-ci dans de nombreux mythes. Il ne faut pas non plus oublier, que le héros est le favori des aurores, mais il peut parfois devenir leur ennemi, penser à Cuchulain et à la Morrigan, aurore guerrière dans la « Razzia des vaches de Colley». Quant à l'hiver dans notre mythe, il est représenté entre autre, par la montagne de glace, où se trouvent des crapauds et des lions : « animaux cosmiques », car ces lions sont en attente des bêtes du monde entier et ceux-ci gardent la montagne. Ces animaux qui habitent au bout du monde sont inquiétants, car ils menacent l'humanité, c'est-à-dire toute la création. Non loin de là, nous avons un fleuve de glace, surmonté d'un pont étroit et périlleux. C'est d'ailleurs ce pont que le héros doit absolument traverser, pour accéder à l'autre rive de l'année. Tout cela correspond vraisemblablement à un rituel. Mais, après avoir quitté l'île merveilleuse, il a abouti dans un grand bois que le héros à du traverser et là, se trouve une route mortelle. Dans ce bois mystérieux, quand on le parcourt, on a l'impression, qu'on a des épées qui rentrent dans les pieds. Que d'obstacles notre héros doit franchir ! C'est dans ce bois mystérieux, qu'Art rencontre une maison sombre, avec sept horribles sorcières et un bain de plomb qui l'attend, car sa venue a encore été prévue dans cette maison. Nous savons que c'est le Bain de plomb qui s'oppose au Griannan. Mais encore, avant d'atteindre cette forêt sombre, Art a du franchir une mer ténébreuse et mortelle, et surtout hostile, ainsi qu'un golfe terrifiant rempli de monstres fabuleux. C'est ce voyage nocturne sur la mer, associé à l'hiver qui constitue le schème indo-européen de la traversée de l'hiver, dont la tradition celtique a hérité. Voilà, les fameuses épreuves d'Art pour atteindre l'autre rive.

Mais qui est Art ? Son comportement relève d'un esprit réfléchi et maitre de soi. C'est un héros solitaire, dominant les monstres surgis des profondeurs de l'océan. Un passage de ce mythe, nous montre aussi, la rectitude de ce héros qui suit la voie de la main droite, pour choisir la coupe qu'on lui présente, qui contient du vin et non celle du poison. Par sa rectitude, tout nous prouve qu'il est digne de l'élection royale. Mais Art, a encore une autre qualité, quand il est dans la forêt, il rencontre la contre partie du Griannan qui est la maison noire avec les sept sorcières. Il lutte contre la magie noire et cela, c'est aussi le fait du héros Indra, héros indien, pour produire l'aurore et le ciel diurne, il a aussi détruit la magie et les magiciens. Cela est une constante indo-européenne. Les exploits des héros s'étendent aux deux domaines d'action, le spirituel et le domaine physique. Il faut aussi noter, une péripétie qui dans ce domaine renforce le caractère royal et cosmique d'Art. Il tue Allil fils de Morgan, par un verbal conteste, comme il ne peut l'atteindre par les armes et nous retrouvons ce fait, lors des fêtes de Samain. Il faut penser qu'Allil, par cette forme de mort, représente l'hiver et les fêtes du crépuscule de l'année. Toujours dans ces épreuves, Art affronte aussi les géants, dont Curnan qui ronge l'axe du monde. Représente t-il le temps dans sa fonction destructrice ? Allil, fils de Morgan, était aussi un géant. De plus, ceux-ci sont des créatures de l'horrible Coinched, femme de Morgan. C'est elle, qui organisa tous les pièges contre Art, car elle savait que quand sa fille Delbchaem partirait pour se marier, cela serait le moment où elle succomberait à la mort, car cela aussi lui avait été prédit. Coinched horrible Déesse, représente la pleine nuit dans toute son horreur, celle qui donne naissance aux sorcelleries, mais celle-ci n'intervient jamais elle-même. Coinched dans sa forteresse aux têtes coupées, pense éliminer Art, mais cette dernière n'a pas de chance, car sa fille Delbchaem qui est une aurore véritable, ne peut que s'enfuir avec le héros qui est venue la délivrer et pour cela, il faut que le héros tue Coinched, qui représente la nuit noire dans sa totalité. La rencontre entre Delbchaem et Art deviendra une hiérogamie qui leur conférera l'immortalité. Mais Delbchaem, Déesse aurorale deviendra aussi une véritable reine de Tara et elle mêlera à son symbolisme cosmique « le pouvoir ». Quand à la dernière épreuve d'Art, celle-ci sera celle, où il devra affronter Morgan, roi de la terre des merveilles, le vaincre et le décapiter. Morgan même s'il est un roi nocturne, n'est pas comme sa femme Coinched, il est engagé dans la lutte qui permettra la libération de l'aurore, qui est aussi sa fille. Morgan représente aussi la nuit la plus sombre, mais dans le ciel de ce souverain nocturne, nous avons toutes les richesses de la belle saison. Mais pour que l'aurore apparaisse, il faut quand même le tuer. Un détail, nous interroge ? Pourquoi Art, a-t-il toujours désiré, la baguette de Curoi, roi du monde ? Maintenant Art avec la baguette de Curoi, est un souverain total, capable de transcender l'opposition du clair et du sombre. Quant au retour d'Art et de Delbchaem à Tara, il symbolise la nouvelle année et en même temps, celle-ci apportera richesse et elle leur permettra d'exercer leur pouvoir. Il reste un seul danger pour l'Irlande : Bécuma qui sera renvoyée dans son Sid. Tout fini bien !

Les Iles des morts

Pourquoi vais-je parler des « Iles des morts », car nous verrons tout à l'heure, que ces fameuses îles ont un rapport avec les héros. Les îles des morts sont liées à l'ordre diurne, où se trouve la vérité. En fait, à l'heure actuelle, il est encore difficile pour nous, de parler de l'au-delà Celte. Madame Françoise Leroux, déclare que l'au-delà des Celtes, n'a qu'une infime partie réservée au monde des morts. Dans l'au-delà, il faut aussi considérer le séjour insulaire, où le héros séjournera lors de son voyage, pour la conquête de l'aurore. Mais seul le héros, peut aborder ce paradis insulaire et savoir que ce séjour, n'est pas seulement lié aux morts, mais aussi aux héros. Le héros est celui qui trouve les Dieux, les Déesses et la clarté diurne dans les ténèbres.Derrière tous ces mythes héroïques, nous développons un schéma indo-européen. Pour essayer de comprendre certains faits, il faut donc aborder le monde Indo-Européen en ayant en arrière plan, toujours la religion cosmique indo-européenne. Dans l'au-delà, il y a aussi la localisation des Dieux, des Déesses qui représentent aussi la religion cosmique. Cette religion cosmique joue perpétuellement entre le jour, la nuit et l'aurore et par voie de conséquence avec le héros, qui est lié à l'aurore. L'eau, joue aussi un grand rôle par rapport au héros car, il faut que celui-ci traverse la mer qui, comme je l'ai déjà évoqué, correspond à la ténèbre hivernale avec les monstres, qu'il faut abattre pour atteindre l'autre rive et la belle saison. Voilà les épreuves du héros. Mais en même temps, l'acte du héros est cosmique et cette héroïsation, le mène à l'immortalité. Tout cela est fort bien décrit dans l'expédition insulaire d'Art, fils de Conn aux cent batailles, qu'évoque si bien monsieur Jouët dans son livre « L'aurore Celtique ». Il est vrai qu'Art à la chance de passer par le Griannan, qui est une sorte de soleil et qui lui permet une certaine prise de conscience totale du monde, chance que n'a pas son père Conn, qui n'a pas été éclairé au plus haut point de sa conscience. Art est aussi conseillé par une Déesse aurorale. Après sa traversée, il délivrera Delbchaem véritable Déesse aurorale, et ils retourneront à Tara, lieu sacré de l'Irlande, où ils régneront tous les deux. Ainsi, nous comprenons que le héros est celui, qui trouve les Dieux, les Déesses, et la clarté diurne, dans les ténèbres, ce qui leur permettra d'atteindre l'autre rive, où se trouve « la belle saison » de l'année et où, le royaume existe vraiment. Ce monde indo-européen s'appuie sur l'héroïsation et celle-ci, permet la conquête de l'année, qui dans le Celtisme est déjà un archaïsme. Il faut aussi retenir que le caractère diurne ne peut se trouver que dans le Sid ou l'autre monde. Pour atteindre cette clarté, ce caractère diurne, il faut combattre et seul le héros peut surmonter toutes ces épreuves, d'où son importance. Il ne faut pas oublier non plus que le Sid est le lieu du devenir cosmique, d'où nous saisissons mieux que les héros forment une réserve mystique. Seul le héros peut atteindre le paradis insulaire, où il rencontrera les dieux et les déesses. En fait, au milieu de toutes ces notions, nous comprenons enfin l'importance de la vraie royauté, qui ne peut-être que cosmique, et dont on va chercher le sens dans l'autre monde, l'au-delà. Car Conn, comme Art, ou Cormac, père, fils et petit fils par leurs aventures, vont rétablir le principe de la vraie royauté, qui est lié au cosmos. Art reprend la place de son père et rétablit l'ordre normal des choses, en ramenant Delbchaem dans le royaume, celle-ci est Déesse aurorale. Encore une fois, ce mythe nous confirme que la politique, c'est-à-dire le pouvoir royal, ne peut qu'être lié au cosmos. Mais qui a aidé le héros Art dans son voyage insulaire ? Une Déesse aurorale, Creindre. Qui a tué la mère de Delbchaem ? Notre héros Art. Sa mère a beau être la gardienne des aurores, elle a elle aussi, toutes les vertus du monde obscur, c'est-à-dire la vertu de rétention. Le héros tuera aussi le père de Delbchaem pour la libérer, père qui est un héros obscur, mais qui a eu lui les richesses du monde diurne. Art dans toutes ses épreuves n'est pas seul, mais il permet de répondre à la question fort importante, comment se fait l'héritage de la souveraineté ?

Le héros là, a une place primordiale car, il permet le renouveau du royaume et ce renouveau participe à la protection du monde clair. Quant aux péripéties de ces trois rois, elles sont fort importantes, car elles nous instruisent sur ce qui semblait se passer dans ces royaumes celtiques. Un texte, « Le rêve de Fingen » nous édifie quant à la royauté liée au cosmos. Une fée chaque nuit de Samain, venait lui raconter les nombreuses merveilles, qui auront lieu quand le roi Conn naîtra. En fait la naissance de ce futur roi Conn, annoncé à Fingen, ramène à une notion essentielle, c'est-à-dire que maintenant, la royauté est lié au cosmos, et annonce en cela la Vérité, qui a été cachée depuis les origines. Ces rois de la famille de Conn, par leur contact avec l'autre monde, rétablissent le contact mystique, qui est nécessaire au royaume. Dans le mythe d'Art, il y a une continuité. Art meurt en tant que roi héros, mais blessé avant de mourir, il se réfugie chez un forgeron qui a comme fille, la Déesse Etain, autre Déesse aurorale. Il s'unit à Etain et celle-ci lui donnera un fils Cormac. Quant à la royauté, elle sera renouvelée en la personne de Cormac. Fait intervenu après que le pouvoir terrestre d'Art eut été épuisé. Art le héros en son royaume, a été aidé par plusieurs représentations féminines, qui correspondaient à des personnalités de l'autre monde, dont Bécuma qu'il contraint à retourner vers le Sid, car sans cela le royaume dépérirait. Creindre, autre Déesse aurorale qui l'éclaire sur les obstacles qu'il doit rencontrer avant d'être en contact avec Delbchaem, Déesse aurorale qui le confirmera en tant que souverain. Maintenant, nous saisissons toute l'importance du rêve de Fingen, car c'est à partir des révélations de la fée, que la véritable souveraineté pourra être définie et que l'ordre du cosmos sera retrouvé.

2)
Les aventures de Fion

Introduction

Je crois, qu'il y a, comme une sorte d'enchantement, quand on lit les mythes Celtes, tant Irlandais que Gallois, même si l'on ne comprend pas tout. On sent dès l'abord, qu'il y a autre chose que ce que l'on lit.

Il faut beaucoup de patience, de réflexion aussi, pour essayer de comprendre ce que ces derniers, ont essayé de nous transmettre. C'est un message, une révélation.

Je comprends, aussi Madame Pieuchot qui fonda la revue « Des amis des Etudes Celtes », avec le Professeur Kruta. Avant de mourir celle-ci déclara, que grâce au Celtisme, elle mourrait heureuse. Aussi ce trésor, il ne faut surtout pas le laisser perdre. C'est notre véritable héritage.

Oui, l'Irlande était le pays des Dieux et aussi des Héros qui dans leur sang contenait un peu de la Divinité. Remercions Mme Ella Young qui nous transmit cette héroïsation à travers les héros Fionn et ses troupes, les Fiannas. Je vais isoler, quelques mystères de ce cycle, pour conter les aventures de Fionn et des Fiannas. Ce cycle enchanta les différentes imaginations populaires. Ella Young a beaucoup travaillé sur les mythes Celtes. Elle devint même professeur de mythologie celtique en Californie. C'est elle, qui rassembla les éléments de la légende de Fionn encore vivante dans les esprits irlandais. Au travers de ses récits nous suivons, l'initiation de

Fionn et aussi ses différentes initiations qui lui permettront de reconquérir la Souveraineté perdue, à cause de la mort de son père et là commencent toutes les aventures aussi bien celle de Fionn que des Fiannas pour la récupération de sa souveraineté.

Quant à la mère de Fionn, elle venait du pays des féeries. Fionn annonce Perceval. Fionn et ses Fiannas ont survécu grâce aux enchantements, qui se dégagent de ces aventures. Alors suivons, celui qui sera le chef du clan Bassana. De toute façon il est protégé par la forêt, la terre et les féeries veillent sur lui.

Sa protectrice et initiatrice Bowemal lui avait enseigné à maîtriser même « le roi des loups » et celui-ci était même devenu ami de Fionn. Cette femme savait prendre à témoin, la terre, l'eau ; le soleil, la lune puis le vent. A sa façon elle sacrifiait. Elle savait aussi faire descendre le vent, pour qu'il maintienne le feu. Elle pouvait même diriger le vent. Les premières initiations de Fionn se font à travers les différents éléments surtout l'eau qui conduit à la sacralité. Mais Bowemal appartient elle aussi, au peuple des féeries et elle sait que sa mère morte contemple d'autres flambeaux que ceux que nous avons sur cette terre. Son monde, à elle est sous nos pieds.

Elle apprend aussi à Fionn que le palais de son père aux mille chandelles appartient à Gonn qui est celui qui l'a tué et là Fionn fait le serment, malgré son jeune âge de retrouver ce qui a appartenu à son père c'est-à-dire à la Souveraineté.

Une des participantes de ce dialogue, qui était sans doute une sorte de prophétesse répondit qu'il ne fallait pas rendre cet enfant peureux et qu'il serait peut être un jour, inspiré par le fameux saumon du savoir, celui qui à la terre, apporta la verdure et la vie à tous. Alors Bowemal, s'assit et lui raconta la longue histoire du Saumon de la Sagesse, mais surtout de la fontaine du Savoir que nous allons retrouver dans certains récits.

C'est du ciel, que vient l'eau sur la terre et en s'étendant, celle-ci forma l'étang de la joie. Sur les rives de celui-ci poussent les noisetiers sacrés. Les noisettes tombent dans l'étang, en troublant les eaux, on dirait qu'elles attendent le Saumon, qui répand la lumière et le feu des étoiles. Il avale les noisettes sacrées. Mais ce saumon est particulier, chaque écaille de celui-ci est une étincelle de l'or du soleil, et de l'argent de la lune. Quant à la fontaine, elle ne faiblit jamais. Fionn veut absolument trouver cet étang.

Quant au saumon, on sait qu'il est là, car on l'a vu et les divins rayonnants, au travers de ces eaux, ont vu sa beauté. Il y a aussi Sive la plus belle des Divins rayonnants qui frappe l'eau à un moment C'est à cet instant, que celle-ci, se trouble et Sive par ce geste créa la terre et la façonna. Mais la terre était vierge. Un autre des Divins rayonnants, je veux dire Partholon, fit pousser des arbres sur la terre et posa des fleurs sur les lacs que Sive avait crée. Après lui vint Nemed. Il ne faut pas oublier que l'Irlande Celtique, fut construite par cinq invasions. Nemed connaissait le Sacré et tout ce qui l'entoure, le soleil, la lune et les étoiles. Puis vint le peuple des Tuata de Dana avec ses Dieux, l'âme et les trésors des quatre villes célestes : l'épée de lumière, le chaudron des plénitudes, la lance de la Victoire et surtout ils apportent la joie, puis vient Miled avec la Cinquième invasion. Celui-ci perfectionna beaucoup de choses. Aux druides il donna le savoir et le savoir des mains aussi aux forgerons. Sive c'est Dana mais elle peut s'appeler aussi Brigitte. Il n'y a qu'une seule déesse, ayant des aspects différents.

Au fond Sive la déesse, va correspondre à la première quête de Fion. Il marcha beaucoup et quand Fionn aperçut l'étang, il vit après bien des aventures le Saumon du Savoir qui dans ses écailles retenait le soleil et la lune.

Quant à littérature dite Celtique elle est partagée en cycles. Avec Fionn, nous sommes dans le cycle de Leinster ou cycle de Finn.

C'est un cycle très populaire mais postérieur au cycle d'Ulster et de plus, ce dernier aurait des influences apportées par les Vikings. Ce cycle de Finn est censé, mais sous des formes un peu différentes, reprendre les exploits du héros Cuchulain que nous trouvons dans le cycle d'Ulster. Dès l'abord nous constatons que nous sommes dans une sorte d'exubérance de style, que nous ne trouvons pas dans le cycle d'Ulster mais peut être, que notre traductrice Ella Young est un peu trop emportée par une forme de poésie. Parfois nous sommes bien loin des récits celtiques antérieurs qui malgré la sobriété de leur style, et de leur concision extrême, posent à chaque moment, des énigmes infinies.

Là nous sentons que nous sommes au 11ème et 12ème siècle, mais nous ne devons pas oublier que l'intérêt de ce cycle nous remémore beaucoup d'archaïsmes, et surtout nous apprend beaucoup de choses sur la tradition celtique. Je dirai même qu'à certains moments, il nous explique des faits qui étaient peut être obscurs dans les cycles antérieurs.

Dans cette épopée guerrière Fionn est le personnage principal de ce cycle ossianique mais il y aura aussi des récits quant aux Fiannas.

D'autre part le héros Fionn est reconnu par l'autre monde, comme une puissance religieuse. Fionn porte un lourd secret que nous percevrons au fur et à mesure que nous parcourons certains textes. Il ne peut pas le dévoiler. Fionn est à la recherche avec ses Fiannas de la résurrection, de la souveraineté de son père.

Quant aux Fiannas, ils sont les compagnons militaires de Fionn et suivent ce dernier partout et le protège aussi.N'oublions pas que Finn est un Goidel. Il correspond donc à la cinquième invasion. Finn avec ses Fiannas, prit le dessus sur les Tuatas de Dana,qui eux correspondaient à la quatrième invasion et apportèrent beaucoup de choses à l'Irlande : les Dieux, l'âme, les Druides aussi.

Dans ce cycle de Leinster, nous rencontrons de nombreux animaux, les chiens symbolisent presque les guerriers. Finn, lui-même est symbolisé par un cerf et là, il nous faut remonter dans ce temps mythique, à la deuxième invasion qui nous apporte Nemed. Le sacré est représenté en ces temps néolithiques par un cerf, car ces cornes jaillissant du cerveau, vers le ciel, font penser à une pensée jaillissant du cerveau, d'autres disent, que les cornes peuvent faire imaginer, les rayons du soleil. Il semble donc, qu'un message surnaturel émane de ses cornes.

Nemed c'est le sacré, et la pensée primordiale aussi. Dans le cycle de Leinster, qui correspond à l'ensemble des légendes, très populaires en pays Gaélique. Finn, est présenté comme le chef des guerriers professionnels du roi Formach. Il intervient dans différents conflits. Celui que j'ai étudié, montre comment avec l'aide de sa lance magique il retrouve la souveraineté que son père avait perdue avec sa mort.

Mais n'oublions pas la non plus, les étranges aventures, que quelques fois, j'évoque, dans d'autres récits que je relate.

La danse aux étoiles

Cette légende évoque d'abord le cosmos, la nuit, qui grâce à ses étoiles, se reflète dans l'eau du fameux lac. Mais celle-ci, commence par le cheminement de Fionn qui a toujours en tête, d'arracher à celui qui a détruit le clan de son père, le trésor, et de venger son père pour reprendre le commandement des Fiannas.

Fionn marche longtemps, longtemps, on le voit à la poussière qui a sali, sa peau de cerf qui le recouvre. A un moment, il arriva vers la Boyne le fameux fleuve sacré. Quant à l'étang, il représente une boucle de ce fleuve sacré. Là, il rencontre un pêcheur, qui rejetait, toutes les truites pourpres, qu'il prenait. Cela intrigue Fionn, qui trouve bien étrange que ce dernier rejette les truites ainsi ce pêcheur lui répondit, que seul le Saumon de la Sagesse aux nageoires pourpres, l'intéressait, car chacune de ses écailles, reflète l'or du soleil et l'argent de la lune, mais lui grâce a une prophétesse, il sait que ce fameux Saumon, ne peut se trouver que dans l'étang des noisetiers sacrés.

Fionn lui répond plus humblement que lui, c'est l'ombre du Saumon de la Sagesse, qu'il voudrait capturer car sans doute, le Saumon reflète la Sagesse des Dieux, et que peut être, seuls, les poètes, par leurs rêves peuvent capturer le Saumon. Le pêcheur est interloqué, mais Fionn lui dit, qu'il l'a reconnu et qu'il est le poète du roi. Quant au pêcheur, il sait que Fionn a eu une initiation. Quant à la nature de celle-ci, Fionn s'en justifiera, nous l'apprendrons un peu plus tard. Puis il demanda au poète de l'initier à la poésie. Ensuite, l'un et l'autre se présentent. Je suis Finegas, le poète et Fionn se présente sous son vrai nom Demna . Fionn n'est pour lui, qu'un nom d'amitié.

Fionn resta près du poète, qui l'initia à tout ce qui se vivait dans les châteaux. Il lui parla aussi des héros et des rois. Dans une certaine mesure aussi il s'initia à la lutte, mais surtout le poète lui apprit à forger des vers. Quant à Fionn, comme il revenait d'avoir cherché des œufs pour leur repas, il butta brusquement sur un morceau de métal vert. Il creusa le sol et tira de celui-ci, une épée qui devait avoir été forgée par Goibniu le Dieu des forgerons, et que peut être le Dieu Lug avait teinté de sang dans une fameuse bataille. Il sent qu'il a découvert un trésor qui le mettra d'ailleurs, sous la protection des Dieux.

Quand Fionn arriva à l'étang il vit le poète dans un grand émoi. Il avait capturé le Saumon de la Sagesse et en même temps le poète, lui explique que ce Saumon devait être mangé par lui ou par Fionn. Aussi, allaient ils manger le Saumon. Fionn lui proposa même de faire un feu, pour faire cuire le Saumon. Une flamme attaqua les écailles du saumon. Fionn retourna le Saumon et une écaille resta sur son pouce qu'il mit à sa bouche, et aussi il connut le goût du Saumon. Subitement, il vit le poète qui lui déclara qu'en ayant mangé le Saumon, celui-ci, n'avait plus aucune saveur. Fionn confirma au poète, qu'il avait simplement mangé un petit morceau d'écaille qui lui brûlait le pouce.

Le poète comprit vite, que dans cette écaille, était toute la vertu du Saumon, mais il lui était difficile d'infirmer la prophétie. Il s'explique à ce sujet. La prophétie, disait que le saumon était destiné à un poète nommé Fionn. A ce moment là, Fionn qui était connu par le poète, sous le nom de Demna déclina son vrai nom. Le poète rétorqua, qu'il avait compris que le Saumon était destiné, à lui Fionn. Fionn avait en plus, la fameuse épée de roi, que le poète accompagna de ses vœux de bonheur quand il prit l'épée dans ses mains et il reconnut qu'un membre de l'au-delà l'avait pris sous sa coupe, et que tout ces faits lui permettraient de venger son père. Quant à Fionn, il promet de faire de la poésie, un art pour les guerriers et que s'il remporte la victoire, il viendrait chercher le poète.

Là, Fionn, promet de chercher des compagnons et s'il les trouve, de s'exercer aux exploits guerriers. Il fera tout ce que la Sagesse lui conseillera de faire. Le poète du roi, lui prédit qu'il retrouvera son héritage parce qu'il avait mangé la fameuse écaille du Saumon. Fionn se demandait si la Sagesse lui permettrait de trouver des compagnons pour poursuivre son œuvre et prêts au combat. Mais au fond de lui-même restait une terrible interrogation, était il plus heureux de rester au bord de la Boyne à observer l'ombre des nuages ou de retourner à la vie des palais ?

Le porte chandelle du roi

Nous avons affaire dans ce texte à plusieurs thèmes. On nous relate une histoire qui est arrivée à un Fianna c'est-à-dire un des guerriers de Fionn. Ce texte nous paraît assez étrange, car nous avons la transmission d'un rêve, qui correspond à une initiation héroïque, car il n'est pas encore oublié, que certaines déesses aurorales, ont le pouvoir de se métamorphoser en oiseau. Souvenons nous de la rencontre de Cuchulain face à l'étrange convoi et avec qui se dispute t il ? Avec cette femme en rouge qui était la Morrigan, déesse aurorale, qui a la fin de leur échange se transforma en corneille quand tout eut disparu autour d'elle. Là, Diarmid l'un des Fiannas s'adresse à un autre Fianna plus instruit que lui, dans certains domaines, je veux parler de Cunann, qui lui expliquera t il le sens de ce rêve car lui a vécu beaucoup de choses et ce dernier, en toute réponse lui annonce, qu'il est au début d'un voyage initiatique.

Mais quel sera donc le but de ce voyage ? A ce moment là Cunann se met à parler, car pour lui, ce rêve évoque une histoire très ancienne, qu'il a connue et qui illustrera le voyage héroïque.

Un certain Keltia, autre Fianna, pour sauver Fionn, emprisonné par un roi se transforme en porte chandelle dans le palais de ce roi. Au travers de la chandelle ou du chandelier, nous trouvons en ces termes, une métaphore de la lumière. Le palais, ne peut être, que sombre, il nous fait penser à la célèbre traversée hivernale que nous trouvons dans le monde Indo Européen. Quant au porte chandelle, il ne peut qu'illuminer cet obscur palais. Il souffrit, sans doute, beaucoup, sous cette forme, pour apporter la lumière dans cet étrange palais. Arriver à être porte chandelle pour sauver celui qui doit rétablir une souveraineté. C'est au fond normal pour un héros,car cela illustre sous une autre forme, toutes les épreuves, que doit traverser le héros pour donner la lumière au monde.

Cunnann, va encore plus loin dans son récit, et il déclare à Diarmid, que lui aussi s'est transformé en une sorte d'aigle et qu'à ce moment là il guerroya violemment. De plus, quand on se transforme en une sorte d'aigle, on est une sorte d'être divin. Il est donc passé dans l'autre monde et il se vit avec des plumes ayant les couleurs de l'arc en ciel, symbolisant le guerrier d'élite, qu'il était. C'est un, pouvoir que le héros possède.

Mais revenons, à la métaphore de la lumière, incarnée par Keltia, le porte chandelle, qui agit dans la nuit et éclaire. Il est bien l'incarnation d'un héros, qui va chercher au loin tout à fait à l'ouest, la déesse aurorale et la ramènera après leur traversée hivernale à l'autre rive où par son illumination elle rendra vie, au royaume ; Voilà le vrai rôle du héros.

Il semble aussi, que le roi qui détient prisonnier Fionn a la même obscurité dans son esprit, que dans son palais. Keltia a vite repéré que l'obscurité dans son cerveau, est aussi grande, que celle qui se trouve dans son palais, au travers des questions, qu'il pose à Keltia. Il demande des choses impossibles à ce dernier et nous pressentons maintenant que nous allons au devant d'un drame cosmique.

Le roi demande à Keltia, de lui apporter, tous les animaux, tous les oiseaux, qui demeurent sur la terre d'Irlande. Déjà nous constatons que c'est modifier l'ordre cosmique ce qui est impossible dans la religion Indo Européen .Heureusement que Keltia, fait aussi partie des Tuata de Danan, tribu qui a précédé lors des invasions, celle des Goidels, qui est la dernière. En une année, et avec des sacrifices épouvantables, il a pu réunir sans doute par magie et avec l'aide des Dieux, tous ces animaux et même un animal marin. On remarque aussi, que tous ces animaux, par leurs couleurs représentent la Souveraineté de l'Irlande.

Mais comment Keltia, a-t-il pu les ramener tous à Tara en terre d'Irlande. La question est toujours posée. Quant au roi, il est prévu de rassembler tous ces animaux dans une maison à neuf portes. Ce neuf correspond vraisemblablement a un chiffre d'un rituel. Maintenant, on attend le roi et le soleil, pour montrer toutes ces merveilles. C'est sans doute, comme dans l'Inde, une cérémonie solaire, qui va se dérouler.

Le ciel là, a une partie à jouer. Quant à Keltia il commençait à être las, de regarder et d'explorer le ciel pour voir si le soleil arrivait. Quand le roi, ouvre la porte de la maison, où se trouve Keltia toutes les bêtes, s'élancèrent comme folles. Maintenant, elles assombrissaient le ciel. Elles firent trembler la terre. Plus rien, n'avait de sens. Le ciel et la terre étaient bousculés, voilà la réalité.

En fait, le ciel et la terre, sont bousculés. Nous étions dans le chaos. Si le soleil riait tant c'est que le roi, qui est le garant de l'Ordre cosmique par ses paroles peu judicieuses avait même fait disparaître la lumière du soleil qui pourtant était bien là et continuait à brûler.

Le lac de l'ombre

Nous avons affaire là à un texte fort difficile, en ce sens qu'il nous fait passer dans des mondes forts différents De plus à la fin, Fionn s'exprime en disant que tout cela était un rêve. Pour nous, la complexité est de savoir où commence le rêve? Est-ce que le rêve recouvre tout le texte, ou faut il dire, à un moment, que c'est nous, qui pénétrons dans le rêve ?

Nous notons, que notre héros Fionn est assis, près du lac de l'ombre, la nuit de Samain lors même du solstice d'hiver. Nous savons aussi que lors de cette nuit de Samain, le monde des Dieux envahit notre monde, et qu'inversement, mais cela est rare, les hommes envahissent le Sid c'est-à-dire l'au-delà ; Dans ce mythe, nous sommes au crépuscule et le texte lui-même, énonce un fait étonnant. Fionn reste sans bouger fort longtemps.

On sent que son esprit est tout a fait orienté par une attente. Le texte nous fait même comprendre, qu'à un moment de la nuit, le reflet de la déesse Sive pourrait scintiller, comme une flamme à la surface de l'eau du lac de l'ombre. N'avons-nous pas affaire là, au feu dans l'eau si cher aux Celtes.

Déjà nous nous posons la question mais qui est cette fameuse déesse Sive ? Vraisemblablement une déesse aurorale car elle apparaît comme une flamme aussi, elle nous fait penser à l'aurore. Ce texte, est aussi cosmogonique, car nous avons affaire a une déesse toute puissante. Elle peut même soulever les cieux. C'est en fait une sorte de Savitar indien. Elle est bien de l'autre monde. On dit qu'elle est invisible. C'est pour cela, qu'on ne peut voir, que son reflet. Nous savons aussi qu'elle se trouve dans l'autre monde, mais où va-t-elle ? Ce ne peut être qu'à la fontaine de la Sagesse,où se trouve justement, le saumon de la sagesse qui plus tard parlera et deviendra Fintan contant toute l'histoire de l'Irlande et cela dénote aussi toute la force de la parole, de la poésie. Quant à Sive, elle repartirait toujours invisible, vers la fameuse montagne magique.

Finn, lui attend au bord du lac et il sait que lors du retour de Sive, en voyant son ombre se projetant sur le lac, il l'appellerait et elle lui donnerait sans doute, une gorgée de l'eau de la fontaine de la Sagesse. Alors, il pourrait devenir comme un Dieu. Il connaîtrait les secrets de la terre, des royaumes, il comprendrait le langage des oiseaux et même des animaux.

Cette eau sur ses lèvres correspondrait en fait, à une véritable initiation. Elle lui apporterait tout ce qui est nécessaire pour qu'il puisse assumer son rôle de chef de clan. Mais ce fait, ne peut se passer, que la nuit de Samain, dans l'ombre. Au moment où l'aurore remonte du plus profond de la nuit, au moment du lever du Soleil qui donnera le fameux jour blanc car si elle apparaît rouge lors du crépuscule du soir, elle ressurgira lueur argentée au moment où le ciel blanc va apparaître.

Mais pourquoi cette nuit de Samain est elle si extraordinaire ? Parce que, c'est cette nuit là, que les noisetiers sacrés verseront les noix de la connaissance, dans les eaux du lac de la fontaine de la Sagesse. Celle-ci a d'ailleurs un rôle cosmogonique, car c'est elle qui créa les cinq lacs d'Irlande.

Une phrase, dans ce texte surprend. Maintenant elle est proche de l'autre rive du lac, ce passage correspond sans doute à l'eau noire de la traversée de l'hiver. Cette Aurore indique, que le soleil va enfin remonter. Cette déesse a naturellement une beauté éblouissante qui paralyse Fionn et va même jusqu'à provoquer en lui comme une sorte de mort.

En fait, cette déesse d'après les paroles de Fionn est comme au-delà de l'univers dans un lieu où les dieux ne peuvent être vus. Sive après avoir imbibé les lèvres de Fionn lui demande ce qu'il désire et il lui répond. « la voir, même s'il doit en mourir.» Son rêve continue et là, il a des visions de vie extraordinaire, de printemps même où tout est vert. Il découvre un infini. Elle l'oriente d'ailleurs dans ce monde étrange irréel. La lune avait perdu son pouvoir, le soleil aussi. Fionn baignait dans une sorte de monde d'eau. Il retournait à l'origine du monde. Il était devenu le Dieu des eaux, il nageait dans la fontaine de la sagesse. Il était devenu le saumon, et nageant au milieu des noix sacrées. Fionn était en pleine allégresse. Subitement l'humeur de Fionn changea. L'enivrement pesait sur lui. Est-ce que trop de sagesse spéculative était trop lourde pour lui, et lui pesait ? Lui il était un guerrier, un héros et il voulut retrouver la splendeur de notre monde. Il avait rêvé. Le Faucon, qui qualifie le guerrier, se moqua de lui. Mais au fond, la question est toujours posée, qui est Fionn ?

Le trésor retrouvé

Dans, les différentes légendes évoquées par Ella Young, il en est une qui est très belle, très dense et qui nous met sur le chemin de Fionn, qui veut retrouver le chemin de la souveraineté de son père, par différents épisodes, que nous trouvons dans ce morceau d'épopée.

Au départ de ce texte, tout est calme, heureux même. Seuls les arbres dans cette pure lumière, donnent un peu d'ombre et c'est de cette ombre, que va surgir, un personnage mystérieux Une sorte de vieillard, qui scrute l'horizon, avec une grande intensité. On sent, qu'il est dans l'attente de quelque chose ou que quelqu'un doit arriver. Puis subitement, un sifflement rompt l'obscurité. C'est un homme qui apporte, à un malade une outre d'eau de la source d'argent. Le malade gît dans une cabane mais malgré sa fièvre il attend Fionn, qui pour lui doit arriver ce jour. Quant à la source d'argent, pour celle-ci ne fait on pas allusion, au reflet de la lune, qui miroite dans celle-ci ? On sent que tous les gens qui sont dans cet endroit assez sombre et qui se cachent dans les cabanes sont malheureux. Un peu plus tard nous comprendrons pourquoi et qui sont ils ?

Puis celui qui a de la fièvre sort sur le seuil de sa cabane. On constate qu'il s'agit vraisemblablement d'un chef guerrier car il porte sur ses épaules le manteau rouge du chef, et nous savons que le rouge correspond, dans le monde Celtique à la fonction guerrière. C'est toujours le ciel rouge qui permet au ciel blanc, de passer dans le ciel sombre. Mais il y a sans doute là, un combat. Il y a toujours un arrière plan, astronomique, et cosmique dans ces textes. En même temps, venant du monde Indo Européen, tout dans ce texte nous fait pressentir, que quelque chose d'extraordinaire, va surgir.

Celui, qui monte la garde avec une telle intensité, c'est aussi Fionn qu'il attend, et lui il sait que celui-ci veut rétablir la gloire de son père. Fionn grand chef guerrier qui pourra sans doute, les aider à sauver aussi un de leur compagnon Grimmal, qui sans doute condamné à mort par le clan adverse. Celui, qui portait l'eau, au malade explique à celui qui attend avec une telle intensité Fionn, que son attente est sans doute vaine, car Fionn est probablement sous la terre, car il fut cherché partout et le camp adverse, le camp de Morna, s'est sans doute occupé de Fionn et surtout l'a mis à mort. Pourtant dans la forêt se trame un grand événement.

Pendant ce moment, nous sommes au début du jour, les chasseurs sont occupés à vérifier les pièges, dans l'attente de quelque prise. En effet, nous en voyons certains arriver, portant sur leurs épaules soit un cerf, soit un couple d'oiseaux. Ces animaux dans le monde Celtique sont symboliques au plus haut point. Cependant un détail nous frappe. Ils n'ont point de chiens. Il manque donc quelque chose, à ces guerriers cachés dans la forêt. Car le chien, caractérise le vrai guerrier, c'est un vrai symbole.

Maintenant, les vieux guerriers creusent un trou pour faire cuire leur viande, et subitement, ils entendirent des cris et des appels venant de la forêt. Bientôt un groupe de jeunes gens déboucha de la clairière et vint vers eux. Quant à Fionn, il fut reconnu par son chien qui venait des féeries D'ailleurs l'apparition de ce chien métamorphosa l'atmosphère. Les Fiannas, les vieux compagnons de Fionn firent alors une fête. Tout était joyeux, à l'image du soleil mais aussi du compagnonnage. Au début du récit, ceux-ci étaient dans l'attente et l'anxiété. Maintenant, ils sont heureux de retrouver leur vrai rôle de guerrier. Les jeunes guerriers portent aussi avec eux, un butin, « des vases d'argent, d'or ». Quant à Fionn , il porte simplement, un petit ballot en peau travaillée, mais dans celui ci il y a un trésor. Il y a les joyaux de la souveraineté, qu'il a retrouvés, mais aussi les trésors que les Dieux ont eu entre leurs mains (c'est un trésor qui appartenait à son père). C'est ce trésor, qui est capital, car celui qui le possède, possède la souveraineté, dont son père était le détenteur, et que le clan Bassana , avait dérobé à celui-ci .Surtout ne pas confondre butin et trésor.

En fait, Fionn, est venu à eux, comme un libérateur. Il est venu comme Lug était venu dans la deuxième bataille de Mag Tured quand les Tuata de Dana étaient dans le malheur et c'est lui qui fut le grand rassembleur pour les délivrer des fomoires. Puis, Fionn demanda à son oncle, Grimmal, de prendre le trésor entre ses mains, trésor qui recèle la bonne fortune du clan Bassana .Ce trésor avait été ravi au père de Fion, par la perfidie de Lia, c'est même lui, qui tua son père.

Lors du cheminement, à travers les bois Fionn et ses Fiannas rencontrèrent une femme, qui accroupie tient le corps 'd'un homme mort. Fionn demande à cette personne qui a tué son fils? Et celle-ci lui répond que c'est Lia. Là, Fionn, se souvient de ce qu'une prophétesse Bowemal lui avait prédit au sujet de la perfidie de cet homme. Fionn demande à cette femme trouvée par hasard sur leur trajet, car maintenant la colère était montée en eux, le chemin pour rejoindre la demeure de Lia, puis ils l'abattirent quand ils le virent Ensuite, ils entrèrent dans la maison et dans un bahut, en if rouge ils ont trouvé le fameux trésor. Grâce à cette femme le prétexte pour tuer Lia avait été trouvé. Nous sommes bien en pleine héroïsation.

Là Fionn et les Fiannas sont dans une sorte de tourbillon, quant à leurs esprits. Maintenant, Fionn doit pouvoir rétablir, cette souveraineté perdue. Quant, ils eurent caché le trésor, la nuit qui tombait, leur inspira une sorte de sacralité qui se terminera par un serment. Mais malgré la profondeur de la nuit, le trésor irradiait une lumière intense, et aussi une force. C'était aussi, un talisman pour le bonheur. Toutes ces aventures, pour arriver, à faire vivre cette souveraineté, commencent selon la Vérité du cosmos. Pour l'instant la souveraineté n'est qu'une puissance et Fionn, déclare, que lui et ses Fiannas, sont comme des renards et des loups. Ils n'ont pas le droit de passer deux nuits dans le même lieu

.Maintenant, ils désirent trouver une cachette pour le butin. Ensuite il demande à Grimmal, de veiller sur le trésor. Il viendra le rechercher quand il sera chef des Fiannas.

Maintenant, le soleil tombait à cet instant sur la forêt. Le ciel était pourpre et une étoile subitement brilla. Devant ce spectacle un des Fiannas demanda qu'ils forment le cercle sacré autour du trésor et de la clairière, afin de nous lier à la chance. Puis, ils partirent se coucher. Demain matin, au lever du soleil nous ferons en sorte, que la mort ne s'approche pas de lui. Mais cette nuit là, le trésor irradia comme jamais. Il était semblable à un feu. En vérité, c'était le joyau du bonheur du clan Bassana, un talisman de longue vie et d'honneur. Mais Fionn fait vite comprendre à ses anciens compagnons, qu'il ne restera pas en ces lieux. Qu'ils sont simplement venus là pour trouver une cachette, à leurs trésors.

La maison dans la vallée de l'If

Nous sommes face à un récit qui raconte encore une fois un des épisodes des aventures de Fionn et de Fiannas.

Cette histoire, commence d'abord par l'épilogue d'une chasse faite par les Fionna guerriers, accompagnant Fionn. La première image de ce récit, nous montre Diarmid qui est un des Fiannas et que nous connaissons car nous l'avons rencontré, dans d'autres récits. Ce dernier s'active près d'un grand feu, car il doit faire cuire un morceau de cerf, animal qu'il a du tuer dans la forêt. Se trouve aussi Cunann un autre Fionna, comme nous l'avons déjà rencontré dans un autre récit, et nous savons, que celui-ci représente une certaine sagesse. Là, nous nous sentons, au cœur d'un récit héroïque. Au fur et à mesure, que le texte se déroule, on se rend compte que ces deux compagnons sont seuls et isolés dans cette forêt. Oui, ils ont perdu Fionn et les autres Fiannas. Ainsi que leur chemin, ils sont là comme en exil mais ils ont quand même leurs chiens avec eux, donc ils ont encore leur identité de guerriers. Car le chien est le véritable compagnon du guerrier. Aussi regrettent ils, tout ce qu'ils ont perdu en s'égarant. Ils se content des histoires. Dans leur imagination, ils pensent être en face, de la richesse d'un bon repas. La table est couverte d'une magnifique vaisselle. Mais qu'un autre compagnon, le reprend, en disant, que cela ne correspond pas à un repas qu'un héros doit consommer. Le héros est sensé, être sobre. Quand à Diarmid, il est impatient, car Cunann, lui a promis, une histoire. Avant d'évoquer l'histoire Cunann en profite, pour lui déclarer, que ce récit, lui est personnellement arrivé. Cunann le met en garde contre les maisons, qu'on ne connaît pas.

Cunann un certain jour errait avec Fionn et un autre Fionna .A un moment, après une longue course à cheval, dans la vallée de l'IF qui doit être une sorte de vallée sacralisée. Subitement très fatigués, ils décident de se coucher à la belle étoile. D'ailleurs, ils avaient au dessus d'eux, la plus belle couverture qui exister et de plus, les Dieux demeurent en ces lieux. Subitement, ils aperçurent une maison, dont la lumière sortait du toit. Un des deux compagnons, à ce moment là suppose, que c'est peut être une maison du peuple, de l'invasion précédente, car ceux-ci, apportèrent la lumière à l'Irlande, c'est-à-dire les Dieux, et l'âme.

Fionn est étonné, lui par cette étrange demeure. Fionn reste prudent. Il évoque même la Sagesse des Celtes, et en même temps, il met en garde un de ses compagnons. Ils allèrent quand même jusqu'à la maison, et arrivés devant celle-ci un horrible cri retentit. Nous sommes certainement à l'aube d'un combat car dans cette tradition, les combats commençaient toujours par un cri. Malheureusement, si

Cunann prit du recul, les autres atteignirent, le seuil de la maison et brusquement la porte de celle-ci s'ouvrit avec force et une troupe d'hommes difformes sortirent, de celle-ci et les volèrent tous. Cette demeure qui était un leurre, était sans doute comme un centre de magie noire. Puis subitement la belle demeure s'effaça et ils se trouvèrent devant une pauvre demeure dont le sol était d'argile et plein de trous. Quant au feu de la maison, il était presque éteint. Nous sommes à nouveau dans une obscurité bien étrange et Cunann raconte à Diarmid, qu'il ne voit dans ce lieu, que des ombres, nous devons comprendre des fantômes. De plus nous savons que dans cette tradition, les fantômes associés à l'obscurité, sont les adversaires naturels des guerriers Fiannas. Par contre, dans un coin, de cette sorte de chaumière, ils aperçurent une horrible sorcière qui ressemblait à un tas informe.

En plus le feu du foyer, était composé de branches de sureau et ce bois, est employé pour les malédictions, les blasphèmes. Cela confirme qu'ils rencontrèrent un lieu de magie noire. Magie qui hanta longtemps les Celtes ;

L'union de Fionn et de Saba

Comme une nuit Fionn ne dormait pas, étant angoissé aussi eut il le désir de contempler les étoiles. Il appela pour cette promenade nocturne ses chiens dont l'un Bran, était blanc comme neige et l'autre blanc mais tacheté de points d'or. Nous constatons déjà que l'obscurité n'est pas totale, car Fionn est éclairé par les étoiles. De plus, ses chiens viennent du pays des Faéries. Ils possédaient donc un sang magique qui détenait la sagesse.

Nous les voyons cheminer dans la nuit. Mais à un moment le ciel pâlit, et dans cet entre temps, entre l'aurore et le ciel blanc du jour, ils pénétrèrent tous, dans une étrange forêt, où les arbres étaient tordus, noueux, sans feuilles mais curieusement chargés de fruits cramoisis sans doute annonçaient ils, la plénitude de quelque chose et le silence régnait partout .Il est vrai que la forêt est un lieu sacralisé. Les chiens, par une sorte de prémonition restèrent à la lisière de celle-ci. Il y avait sans doute comme une sorte de sortilège dans cette forêt .Fionn à la vue de ces grappes rouge sang fut assailli de souvenirs. Mais ce silence, ce flottement de l'âme, fut troublé par l'apparition d'une chienne, au pelage d'argent. Fionn sembla reconnaître cette chienne qui par sa couleur semblait venir de la jeunesse du monde. Dans un premier temps, les chiens de Fionn poursuivirent cette chienne sans aucun aboiement. Fionn remarqua qu'il y avait, dans cette poursuite, quelque chose qui sortait de l'ordinaire. Une sorte de magie car les chiens des Faéries avaient reconnus une des leurs. Quelque chose aussi nous étonne, au milieu des deux chiens, même s'ils viennent des pays des féeries, ceux-ci se tiennent comme des animaux, tandis que cette chienne semblable à un rayon de lune, se tient comme un humain. Cette attitude commence à nous interroger et c'est normal .Cette chienne semble prolonger un rêve de Fionn qui le plonge dans la jeunesse du monde.

Ces trois chiens semblent entourer Fionn d'une magie, symbolisée par les cercles qu'ils font autour de lui. Par l'attitude de ses chiens, nous savons que dans leur sang, ils véhiculent la sagesse. On sent qu'ils veulent transmettre celle-ci à Fionn et peu à peu ils le conduisirent vers le palais d'Aloon. Au moment où le soleil tente de percer le ciel, et juste à l'instant, où le soleil commençait à baigner le monde, ils arrivèrent au palais. La chienne d'argent entra la première d'un bond léger, sauta sur la première marche du seuil et la chienne immédiatement se transforma en une frêle jeune fille, vêtue d'un manteau d'argent scintillant et changeant. Son manteau fait penser à la lumière de la lune. Saba, c'est donc une déesse, car la lumière concerne souvent les Divinités. Fionn est en admiration devant cette dernière. Saba se présente et dit qu'elle est une reine du pays des Faéries mais vient demander à Fionn protection, car sa maison est un sanctuaire où elle fut ensorcelée par une ombre ténébreuse qui la tient sous son pouvoir mais que sous son toit elle ne risquera rien.

Naturellement Fionn la protégea et même lui promit, si son épée était toujours bonne, de couper la tête du sombre magicien. Saba répondit que rien ne pouvait agir sur ce sombre personnage. Tout fut merveilleux dans ce palais, leur amour était total. On était dans un monde de lumière. On aurait dit, que le printemps commençait à bourgeonner en ces lieux. Malheureusement Fionn, dut sortir de son palais, car des envahisseurs avaient pénétré dans le pays. Il n'oublia pas de faire protéger Saba par des Druides, qui prononcèrent des incantations.

Fionn et les Fiannas vainquirent, ces fameux pirates, et Fionn et les Fiannas reprirent le chemin d'Aloon. Malheureusement Saba quand Fion l'appela, n'était plus là. Il demanda des explications et on lui répondit qu'un homme avait pris son apparence. Nous sommes toujours dans la magie chère aux Celtes. Il était venu la chercher et après être sortie de la maison, elle s'évanouit dans les ténèbres et à sa place, apparut une chienne, à la fourrure d'argent pâle. Elle aurait voulu revenir vers le palais, mais malgré les deux chiens et la silhouette sombre qui l'accompagnait ceux-ci l'empêchèrent de revenir vers le palais. Naturellement Fionn éprouva une profonde tristesse. Son esprit était absolument accablé. Pendant sept ans chiffre symbolique Fionn ne chassa plus. Il partait avec les chiens pour rechercher Saba. La quête fut longue. Il perdit même espoir, puis il se remit à la chasse avec les Fiannas. Ils tombèrent même sur la trace d'un cerf et il aperçut un arbre. Le seul, qui poussait sur cette colline. Cet arbre était couvert de fleurs puis il découvrit une grotte, les Fiannas le suivirent et ils découvrirent un enfant gardé par cinq chiens. Cet enfant souriait à Fionn. Soudain, au sourire de l'enfant, il découvrit que c'était le fils de Saba et que cet enfant détenait déjà les signes de la royauté aussi Fionn surnomma son fils, petit faon. Le retour au palais se passa dans la joie. Fionn transmit à l'enfant les qualités de la souveraineté cosmogonique, entre temporel et intemporel notion capitale dans ce monde Celtique.

La bête lumineuse

Avec la bête lumineuse, récit plein de mystères, je vais encore évoquer Fionn, le héros qui se trouve maintenant au cœur d'un récit religieux qui se situe dans un texte temporel et naturellement, le héros est accompagné d'une déesse aurorale. C'est la femme en rouge, mystérieuse, qui au fond mène la danse. Car ce texte commence par un déséquilibre. Nous allons voir pourquoi ? D'ailleurs le rouge, dans la tradition Celtique traduit l'aurore, la guerre mais aussi la mort. Car la Morrigan est aussi une déesse de la mort, parfois. Reprenons le texte, ne commence t il pas, par la partie de chasse de Fionn et de ses Fiannas. Quand celle-ci commence, le ciel est comme brouillé, enfoui dans le brouillard.

Le ciel est donc invisible, disons même, comme absent. Subitement, le soleil apparaît en transperçant le brouillard. Le ciel blanc, maintenant jaillit sur le monde et l'éclaire. Mais subitement, que perçoit on ? La bête lumineuse qui est accompagnée, par la femme en rouge, qui n'est autre que la Morrigan, la fameuse déesse aurorale et guerrière.Mais réfléchissons sur le brouillard du début. Sans doute nous oriente t'il vers quelque chose qui est caché à nos yeux. C'est à nous de chercher.

Dès l'abord, cette bête lumineuse a quelque chose d'étrange sur son corps. Il y a surtout un déséquilibre quelque part. Elle possède une tête de cerf et un corps de sanglier, symbolisant la première et la deuxième fonction, c'est-à-dire la Souveraineté. Il s'agit probablement d'un roi sous cette métamorphose, mais pourquoi est il ainsi ? Nous essayerons de comprendre le sens tout à l'heure. Fionn, celui qui mène la chasse, fut saisi par l'apparition de cette bête extraordinaire. Il lança d'ailleurs ses chiens contre elle. Il faut aussi noter qu'en même temps que la bête lui apparut, la Morrigan qui accompagnait la bête, surgit avec son visage réfléchissant la splendeur du soleil levant ce qui est normal, pour une déesse aurorale. C'est elle, qui représente, le ciel rouge, selon la religion Indo européenne qui est fort vivante dans les textes Celtes. On note aussi, que la Morrigan reconnaît aussi, avoir trouvé cette bête, dans un lac rouge plein de sang. Ce sang correspond il à un soleil massacré ? De multiples questions, nous assaillent dans ce texte.

Un détail, commence à nous intriguer, en regardant bien la bête lumineuse. Que perçoit-on ? Cette dernière a deux lunes sur ses flancs. Quelque chose ne va pas. Pourquoi deux lunes, quand le cosmos ne doit posséder qu'une seule lune ? Pour ce qui est de la fameuse femme en rouge d'après ses paroles et son apparence, on se rend compte que quand elle s'adresse à Fionn, elle représente, une Souveraine, car son pouvoir est infini D'après ses réponses, la Morrigan montre que sa souveraineté règne même sur tous les mondes « sur notre terre comme sur l'au-delà ». Elle va même jusqu'à dire, que la bête lumineuse, lui appartient. Tout à l'heure, nous comprendrons, peut être pourquoi ? La Morrigan va même plus loin, en disant à Fionn, qu'il faut qu'elle la poursuive jusqu'à la mort. Elle seule peut intervenir à ce sujet. Fionn en lui répondant, lui explique à ce moment là, qu'il n'est jamais, qu'un guerrier. De plus, on sent qu'il comprend que l'enjeu doit se situer bien au-delà de la classe guerrière. Immédiatement la Morrigan lui répond que l'enjeu est grand car en tuant cette bête lumineuse, elle sauvera ses trois fils. C'est encore une image mais nous comprendrons plus tard.

Quand Fionn étonné, par ses propos, tente de la raisonner un peu. Elle se met, dans une colère folle, et elle se métamorphose en un horrible serpent, flamboyant grâce à l'éclat de tous ces rouges. Nous retrouvons la même métamorphose quand la Morrigan face à Cuchulain, se transforma en un horrible serpent flamboyant tout cela évoque le cycle d'Ulster. Quand Cuchulain heurte la Morrigan, elle lui déclare que lors d'une bataille pour l'empêcher de combattre elle s'enroulera autour de sa jambe, comme une anguille ou un serpent. Seul son chien, Bran, qui vient des féeries, lui a compris, qui était cette femme en rouge. Aussi sauva t il, son maître de la mort. Il est aussi à noter que ce chien, comme il vient d'un autre monde, d'un Sid peut lui aussi, se transformer en eau qui correspond à l'état primitif, et disparaître dans la terre comme par magie. Quant à Fionn lui aussi, il va agir par magie, car maintenant il lui faut réanimer les Fiannas paralysés par tout ce qu'ils ont vu et entendu.

Puis la chasse continua, tout le jour et même la nuit, à la lumière des deux lunes, provenant de la bête bien étrange. Mais quand le soleil apparut la bête disparut vers une montagne, elle s'engouffra dans une caverne, lieu où régnait la plus grande obscurité. Cette montagne nous indique, que nous sommes maintenant dans l'autre monde. Encore une fois la Morrigan, montra à Fionn qu'elle avait le pouvoir d'aller dans l'autre monde, comme elle le désirait. Lui n'est qu'un héros .Elle va même jusqu'à interroger Fionn au sujet de sa quête c'est-à-dire s'il est toujours en action, pour retrouver la Souveraineté de son père mort et comme épreuve, elle lui demande s'ils ont le courage d'affronter l'autre monde. Ce qui est le rôle d'un héros.

D'un coup de baguette magique, la Morrigan ouvrit la montagne pour pénétrer dans le domaine du roi de la montagne. Fionn et les Fiannas acquiescèrent mais déclarèrent qu'ayant été couverts de sang, lors de la course contre la bête lumineuse, ils ne pouvaient pas entrer dans le palais, avec ces habits ainsi tachés. Aussitôt, elle leur fit apporter de somptueux habits. Puis, subitement, la Morrigan souffla dans une corne, et elle fit apparaître un étrange oiseau qui en fait, était son symbole. Encore une fois, on pense à Cuchulain qui après l'avoir un peu injurié à ce moment là, elle disparut en se transformant en corneille. Autour de cet oiseau, nous trouvons une troupe merveilleuse, habillée de vêtements de toutes les couleurs. Il est vrai, que dans l'au-delà, les couleurs des fonctions n'existent plus. Quant à la Morrigan, nous la voyons dans toute sa splendeur. L'or éparpillé autour d'elle traduit, sa fonction sacerdotale. Il y a quand même dans ce palais une chose qui nous frappe. Une pièce a à la fois, la lueur de la lune et du soleil, en même temps, n'est ce pas encore une fois étrange ?

Quant à la Morrigan, elle demande au roi de la montagne de lui montrer encore une fois la bête lumineuse, qui était sous sa protection, quoique cette dernière voulait fuir, pour pensait elle, retrouver sa liberté.

Puis la femme en rouge, se moqua du roi de la montagne car elle savait, que son pouvoir a elle, était beaucoup plus puissant que le sien. Elle alla même jusqu'à déclarer au roi de la montagne, que ses paroles étaient creuses et que sa protection pour la bête lumineuse, n'avait plus de sens. Puis elle se sauva vite et la chasse infernale reprit, avec tous les chiens, le peuple de la montagne, le roi et l'oiseau. Blessée, la bête lumineuse s'affaissa. Elle perdit beaucoup de sang et enfin elle mourut. On vit son corps comme recouvert d'un vêtement d'or mais la tête de ce cadavre était blanc d'un côté, et noir de l'autre. Pas une pointe de rouge. Il manquait, quelque chose. On était dans un déséquilibre total. Mais qu'est ce qui manquait ? Le ciel rouge de l'aurore, car le cosmos est toujours représenté par trois cieux qui tournent autour de la terre.

Alors la Morrigan, ou l'aurore recouvrit le corps de terre. Maintenant ce mort, n'est plus qu'un souffle tel le vent. Mais pourquoi une telle mort ? La bête lumineuse représente sans doute un roi qui a déséquilibré le cosmos. Les trois cieux structurent le cosmos et la Souveraineté. Seule la mort de la bête lumineuse ressuscitera ses trois fils, qui symbolisent les trois fonctions nécessaires à la Vérité du royaume.

Puis la Morrigan, proposa à Fionn, et aux Fiannas de rester près d'elle dans ce Sid, mais comme d'habitude, ils répondirent qu'ils préféraient rester dans notre monde, car comme cela, ils pourraient survoler, les merveilleuses collines d'Irlande. Quant à leur but, il était ailleurs, nous le savons dès le début de toute cette épopée.

La tempête

Nous sommes dans un texte, où lumière et ténèbres, ne cessent de s'opposer. Lumière et ténèbres tiennent une grande place, dans le monde Indo européen. L'alternance du ciel diurne et du ciel nocturne, théorise même la religion cosmique.

Cette histoire dans un premier temps, se passe au niveau du ciel clair. Lors de ce moment nous accompagnons par notre imaginaire ; Fionn et les Fiannas dans leur promenade. Ceux-ci, allaient simplement observer des chèvres qui dansaient sur des collines. Pourtant, un détail nous intrigue. Subitement un aigle de mer se pose sur l'épaule de Diarmid l'un des Fiannas. Cela ne peut que signifier, que quelque chose d'extraordinaire, va arriver à ce dernier. C'est là, que Cunnan un autre des Fiannas, va s'exprimer à ce sujet bizarrement. Dans un premier temps, il confirme, à Diarmid, que ce fait correspond en effet, à l'annonce d'un porte bonheur mais en même temps Cunnan déclare, que pour Diarmid, le bonheur pour lui, serait qu'il ait« un esprit ferme et juste ». Nous entrevoyons là, une faille dans la personnalité de Diarmid.

En fait, notre guerrier, manque de discernement et nous verrons d'ailleurs, tout à l'heure, pourquoi ? Subitement, des nuages sombres assaillent le ciel. Nous entrons dans l'obscurité, qui est toujours néfaste, en ce monde Celtique. Aussi courent ils de toutes leurs forces, pour trouver une maison qui puisse les abriter. Cunnan en signale une, en leur disant que là ils seront à l'abri. Nous savons tous qu'ils observèrent, quand ils arrivèrent au niveau de la maison que cette dernière possédait de lourdes portes de chêne.

Mais après être entrés dans cette maison il leur faut sortir de cette obscurité qui correspond à la période sombre Indo européenne. Ne sont ils pas eux, des êtres solaires ? Aussi Fionn, prit immédiatement, ses deux baguettes magiques, et d'un seul coup provoqua l'apparition du feu, donc de la lumière, dans cette sombre et étrange demeure. Quant, aux Fiannas, ils chantaient, «la Reine du feu ».Nous assistons certainement là, à un rituel. Nous sommes bien, dans un texte, à consonance religieuse. Mais malgré le feu, la lumière, le sage Cunnan, constate, que des esprits rodent autour de la maison. En même temps, l'eau et le feu, les éclairs cernaient totalement la demeure. Nous sommes vraiment en pleine tempête. Par le fait qu'on ait évoqué les esprits peut être a-t-on, attirés ceux-ci ?

Subitement, Diarmid voit un visage pâle, puis il entend une voix qui se lamente. En fait c'est un leurre et Cunnan encore une fois met en garde Diarmid, contre le charme des esprits. Cunnan va même, jusqu'à lui dire que toutes ces choses veulent sa perte, en précisant même que ce qu'il a vu et entendu, doit correspondre, à un esprit de l'air, ou à un dragon du pays sous la mer. Au dehors, la voix insista Fionn, le met aussi en garde et lui dit, que s'il fait entrer cette voix dans la maison,cela sera sous son entière responsabilité ; Quand aux autres Fiannas, maintenant ils dorment .Cunnan pressent réellement le danger mais il est à peu près seul avec Fionn à être éveillé, à tous les sens du terme. Même sa chevelure, se tenait hérissée sur sa tête et la chevelure est significative chez les Celtes, cela traduit certainement là une grande crainte. A un moment Diarmid, entrouvre la porte, et comme par magie, la porte s'ouvre brusquement, et apparaît là une horrible sorcière dégoulinante d'eau, et tout, nous épouvante dans la description de celle-ci.

Déjà la voix, qui ressemble aux cliquetis, des chaînes dans une oubliette. Elle entre dans cette maison, toujours par magie, mais elle est vite perçue, comme un démon par Diarmid. Elle évoque le froid de l'hiver, et la traversée hivernale, elle gèle tout ce qui est autour d'elle. Quand la sorcière s'approcha du feu, à cause des trombes d'eau, qui émanaient d'elle, celui-ci s'éteignit. On sent qu'il y a un antagonisme entre ces deux éléments et tout se jouera autour de ceux-ci. Elle est là pour emprisonner tous les Fiannas. Une question se pose, pourquoi veut elle être aussi près de

Diarmid ? Pour se réchauffer dit elle, mais sans doute pour mieux l'emprisonner. Ce froid de l'hiver, émanant de la sorcière, fait mourir Diarmid. Sans doute se réveille t il dans un autre monde. C'est une question ?

Maintenant, tout se révèle comme avant, sauf que la lumière est tout autre. La lumière maintenant est blanche et elle se distingue nettement de la lumière du feu. La maison est sous la lumière nocturne donnée par la lune. Les puissances de la nuit ont envahi la maison. Est-ce que la sorcière n'évoque t elle pas quelque culte lunaire dont nous ignorons le sens ? On voit qu'elle semble avoir un rapport avec la lune quand elle évoque le chiffre 7 qui correspond à une lunaison et Diarmid ne vit plus la sorcière, mais peut être que cette lumière obscure avait métamorphosé, la sorcière, en une sorte d'avatar de la lune . Elle avait aussi un manteau, qui faisait penser à une vague marine. Celui-ci, la séparait, de notre monde. Elle déclara à Diarmid, que c'était en tant que sorcière, qu'elle était entrée dans la maison et que maintenant, grâce à sa métamorphose, elle avait été délivrée de son enchantement et que maintenant, elle reprenait sa vraie nature. (Elle était la fille du roi sous la vague.) C'est cette lumière des ténèbres, qui avait opéré ce leurre. Elle prévint aussi, qu'elle disparaîtrait, quand le soleil apparaîtrait. Mais avant que ce dernier ait atteint l'horizon, Diarmid exprima deux souhaits comme elle lui demanda. Il voulait un palais royal, le vœu fut exaucé. Mais aussi, qu'elle demeure dans le palais. Quand elle partit, en ouvrant la porte par magie, la nuit est toujours là. Cette puissance obscure ne peut pas voir la lumière des hommes quand le jour se leva.

Diarmid courut pour retrouver la merveilleuse apparition. C'est-à-dire qu'il se dirigea vers le merveilleux palais. Quant aux Fiannas surtout Cunnan il se désespère, mais il a confiance, car Fionn seul, est capable de rompre le charme pour que Diarmid redevienne un nom, dans ces combats, et les Fiannas doivent rompre ce charme, qui est l'antithèse du héros, qui lui, a pour fonction, d'accompagner un déesse aurorale, qu'elle rétablira le feu du soleil et la lumière sur le monde. Mais, il est vrai que la magie est partout dans cette contrée.

Le Palais des souhaits

Dès l'abord, le palais enchanté dont Murias avait fait don à Diarmid, lors de l'épisode final de la tempête, était plein de richesses de la belle saison. Même le vent qui passait au dessus, de ce palais royal, avait une odeur de miel. De jeunes pages se pressaient autour de Diarmid pour le faire pénétrer, dans ce palais enchanté. Celui-ci, était aménagé comme pour un roi. Les murs étaient ornés de tissus brodés. Dans la salle du trône, se tenait, la fille du roi sous la vague. Dès l'abord une chose nous étonne son manteau était tissé de petites étoiles. Ses cheveux brillaient comme la lune. Tout, nous indique, qu'elle est une créature, qui correspond au crépuscule du soir, d'autant plus que son manteau est de couleur pourpre. Mais, elle a aussi, un rapport avec la nuit.

Une question de Diarmid, va interrompre cette harmonie. Il manque à Diarmid qui est un des Fiannas et qui a été formé pour être un guerrier, quelque chose même de très important ! Ses chiens car un héros est toujours accompagné de chiens c'est même le symbole du guerrier. Il .demande où sont ses chiens. Murias, lui répond, qu'il ne faut pas s'inquiéter, car ceux ci sont en grand nombre dans ce palais. Des chiens arrivent mais ceux-ci sont blancs, donc ils évoquent le sacré. Cela ne peut aller à Diarmid, qui est un guerrier, et son rôle est de se maintenir, dans cette atmosphère guerrière.

Lui, il veut sa chienne tachetée et ses trois petits. Murias envoie chercher celle-ci, par un messager,qui par magie, grâce à un certain manteau, devient invisible. Mais, auparavant, Diarmid, avait déconseillé à Murias d'envoyer un messager pour chercher la chienne tachetée, car il craignait que son caractère farouche ne la rendit cruelle face au messager. D'où la magie du messager envoyé qui, quand il y a un certain manteau couleur de ciel nocturne celui-ci devient invisible et la chienne tachetée, fut immédiatement aux pieds de Diarmid, et là les trois petits chiens apparaissent dont les couleurs symbolisent les trois cieux du ciel Indo- européen qui tournent autour de la terre. Mais, malgré, cette sorte de bonheur Diarmid, pense toujours à ces compagnons Fiannas. Même s'il passa de nombreux jours dans ce palais, heureux et la paix dans le cœur.

Un jour, pourtant il se souvient, comme il aimait la chasse. Il est vrai, que chasser correspond au rôle du guerrier. Ses compagnons, un jour l'attirèrent pour chasser. Il déclara donc à Murias, qu'il allait chasser avec ses compagnons. Murias, extérieurement fit semblant d'être d'accord, mais intérieurement, elle dut sentir en elle, quelque chose qui se brisait, quand Diarmid lui montra sa crainte à son sujet, surtout quand il lui dit qu'il ne retrouverait peut être plus rien, ni palais, ni Murias quand il reviendrait de la chasse. Quant à elle, elle fut jalouse de la perte de son pouvoir sur Diarmid. Pour la perte du palais elle le rassura à ce sujet. Par contre elle lui interdit que dans une colère, ce dernier, prononça à son sujet, le nom de sorcière.

Murias est aussi jalouse, de l'emprise que les compagnons Fiannas ont sur Diarmid. Aussi pratiqua t elle, quand, elle fut seule de la magie, pour voir, quels étaient ces hommes et elle fit même un charme sur eux, c'est-à-dire sur Fionn, Usheen et Keltia. afin de briser leur pouvoir, qu'ils avaient sur

Diarmid. Nous remarquons que quand Murias fait de la magie, elle fait celle-ci devant une fenêtre ensoleillée. Quand Fionn eut franchi le seuil de sa maison, elle lui offrit de l'hydromel, dans une coupe, qu'elle avait ensorcelée avec neuf formules magiques puissantes et naturellement la tendit à Fionn. Fionn but l'hydromel et ensuite Murias lui demanda, de choisir un cadeau. Fionn, naturellement but au bonheur de la maison de Diarmid.

Après avoir reçu le chien noir, en cadeau de la chienne tachetée, Fionn quitta le palais. Lorsque Diarmid revint de la chasse il s'aperçut que sa chienne tachetée poussait un cri plaintif et il comprit vite que son chien noir avait disparu .Il fit ses premiers reproches à Murias, mais la Murias se rendit compte que le pouvoir magique de Fionn était plus grand que le sien.

Un autre matin, Diarmid a le désir de partir encore pour rejoindre Usheen qui s'exerce à exciter les chiens pour la chasse et Diarmid désire encore chasser. Murias pour faire venir, vers elle Usheen procèda de la même façon avec sa coupe ensorcelée et à un moment elle le vit arriver naturellement, elle lui proposa une coupe d'hydromel ensorcelée et à ce moment là Uscheen fut mis en confiance et lui demanda un cadeau, qui vienne de sa main. Aussi elle lui présenta une épée qui était l'œuvre de Goibnu, le Dieu forgeron, qui l'avait faite dans son palais, sous la mer. Mais Usheen refusa ce présent, car il ne veut rien d'autre que le chien rouge, de la chienne tachetée.

Lorsque Diarmid revint, alerté par les cris plaintifs de la chienne tachetée il s'aperçut que le petit chien rouge avait lui aussi disparu. Encore une fois, il se mit en colère et prononça une malédiction sur la maison et sur la femme, qui n'avait pas su le protéger.

Puis le lendemain Diarmid, déclara à Murias, qu'il avait toute la nuit rêvé de Keltia et qu'il aimerait le revoir pour différentes raisons. Naturellement quand Diarmid, fut parti elle prononça ses fameux sortilèges et attira Keltia vers elle. Keltia vint à son palais et elle lui présenta la fameuse coupe ensorcelée qu'il but et lui aussi demanda un cadeau. Elle voulut lui offrir son anneau, qui symbolisait la nuit celui-ci étant fait de l'argent de la lune et garni de pierres qui étaient tombées des étoiles.

Keltia, homme proche de la lumière solaire, ne pouvait accepter ce présent symbolisant la nuit. Keltia voulait un cadeau précis, il demanda le dernier petit chien de la chienne de Diarmid. Elle lui donna le petit chien doré. Naturellement quand Diarmid revint, il se mit dans une forte colère car il n'avait plus aucun de ses chiens et il évoqua le moment où il l'avait vue sous forme de sorcière.

Puis un coup de tonnerre ébranla le palais, le ciel et la terre. Plus rien n'existait, que la chienne morte et la fameuse coupe. Diarmid, ramassa le corps du chien et l'enterra .Puis il partit en courant. En fait, les Fiannas avaient dans une certaine mesure reconstitué, une part du pouvoir de Diarmid. Il lui avait donc rendu son pouvoir guerrier, avec ses chiens.

Le roi sous la vague

Dès le début, on sent que Diarmid, qui est un des Fiannas, comme nous le savons déjà, est en marche vers un but précis. Il prit le chemin, qui menait à la mer. Nous savons que dans le monde Indo-européen, la mer correspond à la partie sombre de l'année, ou à l'autre monde. En fait, nous assistons à une traversée hivernale qui explique, que le voyage maritime va nous permettre d'accéder à une sorte d'au-delà. Nous sommes au départ de cette quête, dans une sorte d'inter monde dont les couleurs peuvent symboliser un crépuscule. D'ailleurs le héros a la même course que le soleil à son déclin. Diarmid doit partir à tout prix. Enfin, il trouve un coracle, qui lui permettra de s'enfoncer au plus profond de l'eau. Mais cette traversée est semée d'embûches. Peu à peu nous sentons que la barque devient magique et s'enfonce dans la mer de plus en plus car Diarmid s'enfouit de plus en plus dans la mer. Les vagues prennent les couleurs des différents crépuscules des saisons. Enfin la lune paraît et nous pénétrons dans le monde nocturne où les vagues reflètent la lumière de la lune comme un feu d'argent. La barque et sa magie se continuaient. Maintenant, elle traversait des cavernes liquides, des murailles immenses. Tout cela correspond aux épreuves que Diarmid pouvait éprouver grâce à la magie de la barque. Diarmid, restait agenouillé. Puis, il arriva dans un pays merveilleux, mais ne dit on pas que la nuit possède en réserve toutes les richesses solaires ? C'est aussi une notion Indo Européenne puis il traverse toutes les promesses de la belle saison. Il y a des rangées d'arbres aux fruits d'or. Il voyait passer, des animaux étranges, tels des licornes et il sut à ce moment là qu'il était dans le pays sous la vague. Puis cet extraordinaire paysage disparut et là, dans ce lieu à l'herbe argentée, est ce que n'est pas la lumière de la lune qui éclaire maintenant et qui rendent les herbes ainsi. Mais, nous savons que les herbes ont toujours eu un pouvoir comme magique.

Diarmid n'a pas oublié la coupe de Murias. Il veut la revoir. Il la possède dans ses mains. C'est une coupe enchantée. Et là, dans ce paysage étrange, il trouve trois gouttes de sang et ces gouttes de sang peuvent sans doute faire partie d'un rituel et les différents rouges qu'elles possèdent les différencient sans doute. Derrière tout cela, il y a des symboles que je ne connaîs pas. On dit que le rouge peut être une couleur associée au monde des morts. Là, il semble plutôt que nous avons affaire à un fluide vital. La coupe que porte Diarmid est celle d'une reine de l'autre monde et les gouttes de sang qui s'y trouve sont celles de Murias. Ce passage est central c'est même le but de la quête qu'a entrepris Diarmid car Murias perdait une goutte de sang à chaque fois qu'elle se remémorait Diarmid. Car celles-ci vont revivifier Murias. Ce fait traduit sans doute un antagonisme entre le monde clair et sombre et ces gouttes de sang vont sans doute revivifier Murias.

Heureusement, Fion trouve sur son chemin, un relais. La coupeuse de joncs, qui lui permettra par une astuce d'aborder la fameuse Murias et de lui parler. Le but de Diarmid est de redonner vie à Murias en tentant d'enlever un ensorcellement dont Murias est la victime. Mais la quête est loin d'être finie même si Fion a les trois gouttes du fluide vital. Maintenant, comme tout héros Diarmid rencontre encore des épreuves. Il faut pour que les gouttes de sang agissent que Murias boive celles-ci dans une certaine coupe que l'on trouvera dans la plaine des miracles et là nous sommes dans une sorte de pays qui doit correspondre à une terre primordiale. Il y a d'abord pour atteindre cette plaine des miracles, un fleuve infranchissable. Il part quand même et rencontre un autre relais, pour arriver à la plaine des miracles et là nous sommes dans un pays qui doit correspondre à une terre primordiale. Il y a d'abord dans cette plaine des miracles un fleuve infranchissable. Quant à l'homme rouge, est ce que cet homme rouge qui l'aide celui-ci est sans doute un symbole de l'aurore qui est proche ? On pense aussi à Lug longue main mais qui a une main rouge pour les Gallois. On sent que Diarmid approche au but Il prend Diarmid en main et lui fait passer le fleuve et cet homme rouge lui dit que le roi, lui donnera la coupe et là nous sommes à la fois dans le jour, la nuit, le soleil et la lune. Tout est mêlé. Nous sommes bien au-delà d'un autre monde.

L'homme rouge l'aide encore pour remplir la coupe de l'eau de la source cachée. Autre épreuve. Il a maintenant le philtre qui guérit mais en même temps que Diarmid met les gouttes de sang dans le filtre, le filtre par magie lui fait oublier, tout ce qu'il a connu avec Murias.

Puis il y eut l'arrivée de Diarmid au palais du roi sous la vague. Murias but le philtre qui guérit et sa joie revint et la lumière aussi qui était en elle. Mais comme Diarmid avait bu l'eau de la source sacrée qui lui avait apporté l'oubli, Murias ne représentait plus qu'un reflet pâle de la beauté de l'Irlande ; Voilà, ce que l'homme rouge lui avait apporté. En fait, pour lui, Diarmid, seule comptait la beauté de l'Irlande. Le cœur gros, Murias le laissa repartir vers l'Irlande. Aussi Murias lui donna son manteau bleu qui symbolise sans doute la mer et le monde obscur. Mais ce manteau était magique et c'est grâce au vent qu'il produisit qu'il se retrouva sur l'île d'Achill et là il rencontra à nouveau tous ses plaisirs. Il jeta à la mer le manteau de l'obscurité, la mer l'aspira à nouveau et il redescendit vers le pays des vagues. Diarmid appela ses compagnons pour vivre à nouveau en héros. Car nous savons que la vie d'un héros se situe dans un monde à part.

Mais comme Diarmid est un héros solaire dans un premier temps, nous avons affaire, avec Diarmid à la traversée de l'eau noire concept Indo européen, qui correspond à la période sombre, puis, ensuite, la partie solaire le pousse vers l'autre rive ensoleillée, correspondant à la période claire du royaume. Ce n'est pas par hasard, que sur son chemin, il rencontre à la fin de sa quête Lug, Lug le fameux Dieu lumineux.

Table des matières